新版 NEW EDITION

BASIC KANJI BOOK

―基本漢字500―

VOL.2

（第2版）

Chieko Kano
Yuri Shimizu
Hiroko Yabe
Eriko Ishii

BONJINSHA CO., LTD.

はじめに

　本書は、非漢字系の学習者に漢字を少しでも効率的に、そして体系的に教えようという試みで作られたものである。筑波大学の留学生教育センターでは、1986年4月から「漢字学習研究グループ」を作り、パーソナル・コンピューターを利用した漢字学習プログラムの開発、実践、研究などを進めながら、漢字の何が難しいのか、どうすれば効率的に漢字の学習ができるのか、などを模索してきた。そのグループのメンバーが1987年秋に作成した『基本漢字の練習 I・II』の試用版は、当センターの日本語コースで1年間使用してきたが、その使用結果を検討し、改訂を加えたものが本書である。

　当センターの初級集中日本語コース（約500時間）は、関東・甲信越の国立大学に配置される文部省の研究留学生を対象に行われていた。学生のほとんどは、非漢字系であり、配置先の大学での研究活動に必要な日本語力を養成するというコースの目的を達成するためには、効率的な漢字教育が不可欠である。また、漢字を学習することによって、日本語そのものの運用能力が高まる、あるいは日本語的な認識方法ができるようになる、という利点もある。例えば、漢字の拾い読みによる速読であるとか、単漢字の意味から未習の複合語の意味を類推することなど、特に、中級・上級へと進む意志のある学習者にとって、漢字学習の効用は大きい。

　しかし、これまでの日本語教育では、漢字の学習は個々の学習者の努力に委ねられるのが普通で、漢字の重要性、その習得の難しさにもかかわらず、漢字の教授法や教材の研究などが十分になされてきたとはいえない。語彙とともに一つ一つ辛抱強く書き取りをして暗記していくしかない、という旧態依然としたやり方では、途中で挫折してしまう学習者も多いはずである。

　本書を作るに当たっては、まず漢字の難しさを次のように分析してみた。

　　(1) 字形の複雑さ
　　(2) 数の多さ
　　(3) 表意性・表語性（アルファベットなどの表音文字とは違うという点）
　　(4) 日本語の表記システムの複合性（ひらがな・カタカナとの併用）
　　(5) 多読性・多義性などの特性

以上のような難しさを短期間に克服させるためには、ある程度理論的な説明も必要であろうし、また、「基本漢字」というような最小限の数の漢字を選んで、学習者にとりあえずのゴールというものを設定してやることも必要なのではないだろうか。単に主教材である文法や会話の教科書に出てくる言葉をやさしいものから順に漢字で教えるというのではなく、漢字の成り立ちを体系的に教えるとか、読解につなげるための語彙体系と結びつけて教えるとか、将来の漢字学習・日本語学習を効率的にするような基本単位としての漢字を教える姿勢がなければならないと思われる。また、日常よく見

る漢字も積極的に取り上げて、漢字学習の動機を高めることも大切である。せっかく漢字を苦労して覚えても、日常生活に必要な情報が一向に得られるようにならないという苛立ちは、学習者を出口の見えないトンネルに追い込むようなものだからである。

　本書の目的は、基本漢字500字を使って、学習者に

1. 漢字学習に関する知識（字源・表意性・音訓のルール・書き方・部首など）を体系的に教える
2. 漢字の運用能力（文脈からの意味の推測・複合漢語の意味構造の分析・漢字語の意味から文の意味を理解することなどを含む総合的な力）をつける
3. 覚えた漢字をいつでも必要に応じて記憶の中から取り出して活用できるような覚え方、思い出し方、整理法などを工夫させる

ということである。もちろん、学習させる500字に関しては、読み書きができるようにしなければならないことはいうまでもない。

　基本漢字500字の選定に当たっては、上記の目的を達成するための効率を第一義に考えて、以下のような手順で決定した。

①漢字の成り立ちを教えるための漢字（象形文字・指事文字・会意文字など）を採用する。
②漢字力を読解につなげるために、主語・述語となる基本的な名詞、動詞、形容詞に使われる漢字を選ぶ。
③部首の概念を教えるために、基本的な部首として機能する漢字を選び、また各部首を持つ漢字がある程度の数集まるように調整する。
④使用頻度や造語性が高い漢字を採用する。（学習研究社の『新しい漢字用法辞典』、国立国語研究所の『現代新聞の漢字』、および『現代雑誌九十種の用語用字』を参照した。）
⑤人名・地名の漢字や日常よく目にする表示の漢字については、500字の枠外でも紹介する。

　このようなわけで、500字の中には、本当はその漢字自体が大切なのではなく、その漢字が他の漢字の要素となっているので、その漢字の書き方を覚えることで、他の多くの漢字が覚えやすくなるというようなものも含まれている。また、字源や部首を説明する際は、外国人にわかりやすいこと、外国人の記憶を助けるようなものであることが重要であると考えたので、本当の字源や部首とは違った説明をあえてしたところもあることをお断りしておく。

　いずれにしても、学習効率というのは、実際に教材を使ってみた結果を重ねていかなければ結論は出せないものであるから、この500字の内容についても、さらに使いながら修正していくべきだと考えている。今後もできるだけ多くの方々に使っていただき、ご意見、ご批評をいただければ幸いである。

本書の編集方針、500字の選定、学習内容の配列などは、漢字学習研究グループの
メンバー4人が定例ミーティングで話し合い、検討し、決めてきたものであるが、当
センターで教えている数多くの日本語担当教師からも、実際に授業で使用してみた上
でのさまざまな意見・批評・助言などが出された。その先生方の体験、意見なども本書
には大いに反映されている。それから、試用版から第2版までこの本を使って漢字を
勉強した数多くの留学生たちから得た数々の貴重なコメントも忘れることはできない。
　なお、本書の各課の学習内容の担当者は、以下の通りである。

　　　加納千恵子…………1、2、3、4、5、6、7、25、26、27、36、44、45
　　　清水百合……………11、12、13、14、28、29、30、33、41、42、43
　　　谷部(竹中)弘子……8、9、16、17、19、20、21、24、34、35、37、38
　　　石井恵理子…………10、15、18、22、23、31、32、39、40

　また、全体を通して、漢字の成り立ち・読み物については加納、部首・書き方につい
ては清水、形容詞・動詞および語構成については竹中、意味や場面による実用的グルー
ピングについては石井、というように分担して調整を行った。

　　1990年7月

　　　　　　　　　　　　　　　　　　筑波大学留学生教育センター
　　　　　　　　　　　　　　　　　　漢字学習研究グループ
　　　　　　　　　　　　　　　　　　　　加納千恵子　　　　清水百合
　　　　　　　　　　　　　　　　　　　　谷部(竹中)弘子　　石井恵理子

改訂にあたって

　なお、2004 年の改訂にあたり、『Basic Kanji Book』vol.1とvol.2の学習を終えて、『Intermediate Kanji Book』に進んだ学習者が参照する際の便宜を考え、巻末に「漢字番号順音訓索引」をつけた。本書は初級学習者を対象としているため、初級で扱わないような語の読みは載せていないが、巻末の新しい索引には、常用漢字表に載っている読みをすべて示してある。今後の学習に役立てていただければと思う。

　2004 年 1 月

著者一同

新版発行にあたって

　1989 年に『Basic Kanji Book』を世に出してから、25 年の年月が流れました。この間、当初からの漢字教育の理念は全く変わっていませんが、いろいろな修正を加えてはきたものの、一部の内容や装丁、レイアウトなどに古さが目立つようになってきました。そこで、2015 年を機に新版を発行できることになりました。これも、25 年間の長きにわたり本書を愛用してくださった先生方、学習者の皆様のおかげと著者一同心から感謝しています。

　新版では、レイアウトを一新しました。具体的には、学習漢字を見やすくするためにフォントを大きくし、イラストレーターの酒井弘美さんにお願いしてイラストを描きかえ、米国コロンビア大学の大学院生 Thomas Gaubatz さんに英語の部分のチェックを依頼するとともに、古くなった内容の見直しも行いました。また、海外で教える先生方や本書を自習する学習者のために、練習の解答例もつけてあります。

　今後も、新版『Basic Kanji Book』が日本語の漢字学習の支援に役立つことを願ってやみません。

　2015 年 9 月

著者一同

本書の使い方

本書の内容は目次にある通りだが、各課の構成は次のようになっている。

各ユニット	内容
ユニット1	漢字の話 （漢字の成り立ち・部首・用法などその課の学習漢字に関する説明）
ユニット2	基本漢字（各課10字～12字）　2-1. 漢字の書き方 　　2-2. 読み練習　　2-3. 書き練習
ユニット3	読み物（11課以降）
知っていますか できますか	役に立つ漢字情報やゲームなど

本書は一応各課を約60分の授業で使うようにデザインされているが、各教育機関、各学習者の実情に応じて、適宜工夫してほしい。

ユニット1

　ユニット1は、漢字の体系的学習を助けるための基本的な学習項目と思われるものを、「漢字の話」として1課分ずつの長さ（1～2ページ程度）にまとめたものである。漢字の字源、成り立ち、部首など、いわゆる漢字というものを紹介するための説明のほかに、形容詞・動詞の送りがなのルールであるとか、動詞の用法による分類（スル動詞・移動動詞・変化動詞など）であるとか、言葉の意味による分類（位置・家族の名称・専門分野・季節・経済・地理など）や場面による分類（旅行・結婚・試験・生活など）、漢字の接辞的用法や語構成の説明など、さまざまなものが含まれている。これは、このような知識や整理法が学習者の漢字運用力の向上に有効であると考えるからである。説明は、英語（後半は、やさしい日本語）やイラストになっているので、学習者に予習として読んでこさせることができる。教師は、クラスの初めの部分でその内容について質問を受けたり、学習者と話し合ったり、簡単なクイズがついている課ではそれを使ったりして、学習者がその課で学ぼうとしていることを理解しているかどうか確認する。時間にして、10分～20分程度（学習者が予習で十分理解できていれば、軽くふれる程度でもよい）であろうが、ここで学んだことが、後に学習者には、その課のメインテーマとして記憶に残り、その課の漢字を思い出すときの助けとなるはずなので、教師はできるだけ

おもしろく授業を進めるよう努力してほしい。

ユニット2

　ユニット2は、3つの部分からなっている。2-1の漢字の書き方、2-2の読み練習、2-3の書き練習である。2-1の部分には、その漢字の字体を大きく示し、その字の意味、主な音訓の読み、画数が載せてある。訓読みはひらがなで、送りがながある場合は間に「-」を入れた。音読みはカタカナで書いてある。あまり使われない読みは（　　）に入れ、初級では勉強しない読みは載せていない。その下の欄には、漢字の書き順を1画ずつ示し、また、その漢字を使った基本的な熟語の例を4語程度選んで、その読みと意味を載せた。原則として、左側に訓読み語を縦に並べ、右側に音読み語を置くが、熟語の数によってそうなっていない場合もある。熟語の読みは下のように漢字1字分ごとに「・」で区切って（　　）の中に示す。「＊」印は特殊な読み方をする熟語である。

通し番号

漢字		いみ	くんよみ		オンヨミ	（かくすう）
39	大	large great	おお-きい		ダイ タイ	（3）

一	ナ	大											

大(おお)きい＝大きな　large　　　　大学(だい・がく) university

＊大人(おとな) adult　　　　　　　　大切(たい・せつ)な important

　2-2の読み練習はⅠとⅡに、2-3の書き練習の部分はⅠとⅡとⅢに分かれている。Ⅰは基礎的なやさしい練習で、Ⅱは応用練習というべきものである。読み練習に関しては、Ⅰが基本的な単語の読み、Ⅱが文の読み、というようになっている。書き練習のⅡには、まだ習っていない漢字を使った言葉も紹介されているので、難しいという印象があるかもしれないが、このセクションの主眼は、漢字をただ機械的に繰り返し書かせるのではなく、いろいろな言葉の中に使われているその字の意味を類推させながら書かせることであって、そこに紹介されている言葉を全て覚えさせることではない。このことは学習者にもよく理解させる必要がある。Ⅰのセクションには、各漢字を使った本当に基本的な語しか載せていないので、後になると、Ⅱのセクションが語彙参照用のページともなりえるのである。書き練習のⅢは、前に習った漢字語の復習

になっているだけでなく、文のどの部分が漢字で書けるかを考えさせる練習となっている。まだ習っていない漢字でも、学生が自分で調べて書いてきた場合は、積極的にほめるようにするとよい。

　さて、1課から10課までは、クラスで丁寧に漢字の書き方を指導してほしいので、2-1に20分程度、2-2と2-3のⅠの部分に合わせて20分程度をかけ、Ⅱの部分は宿題として翌日チェックする。11課以降は、2-1と2-2、2-3のⅠの部分は予習させてきて、朝提出させたものをクラスの前にチェックして返すようにする。クラスでは、間違ったところを指摘するにとどめ、2-2のⅡ（文の読み練習）やユニット3の読みものに重点を置くようにしていく。書き練習のⅡとⅢは宿題にしてもよいし、学習が遅い者には、負担を軽くするために飛ばすこともできるだろう。漢字を書くスピードは個人差が大きいし、またその必要度もまちまちであることが多いからである。

　漢字のクラスを担当する教師は、その課の漢字カードや単語カードを準備していく必要がある。フラッシュ・カードとして、手際よく読み練習をさせるために使うばかりでなく、カードの漢字を組み合わせて言葉を作る練習をしたり、部首ごとにグループ分けをする練習をしたり、時間があれば、単語カードで口頭作文の練習をするなどいろいろ工夫できる。なお、練習や宿題で漢字を書かせる時には、できれば本書に直接書きこませないで、漢字練習用のノート（小学生用の国語ノートでもよいが、ファイル・ノートやルーズリーフ・ノートが提出させる際に便利）を使わせることが望ましい。そうすれば、学生は本書を見ながら何回も繰り返し練習できるからである。

ユニット3

　11課以降にはユニット3として、読み物をつけた。はじめのうちは、語単位の読みから文単位の読みへ、さらに既習漢字を使ったやさしいストーリーの展開の読みへと、徐々につなげていくことを意図したものが主だが、後半は、できるだけタスク型の読み物を増やすように努めた。1語1語を追って全部を完全に理解しようとするのではなく、与えられたタスクを解決するのに必要な情報だけを拾って読む、あるいは全体の意味を大きくつかみながら速く読む、など本当の意味での読みの作業に近づけることにより、読解力を養成することを目指したものである。だいたい15〜20分で読み、設問をこなせることを目安に作ってある。学生が少しでも読む楽しみを味わってくれればと願って作ったものである。

知っていますか できますか ／**復習**
ふくしゅう

　このセクションは、いわば番外編のようなものなので、毎課必ずやる必要はなく、時間に余裕のある時に使えばよい。復習の日などにすることもできるし、これを題材に会話のクラスなどに発展させる、などいろいろな使い方ができると思う。興味があれば、学生が自分で読んでいくこともできるだろう。5課ごとに、復習・整理のページが入れてあるので、知識の整理に活用してほしい。宿題として提出させてもよい。

　さて、以上は1989年当時、当センターでの75分授業(うち60分を本教材に、のこり15分を主教材の漢字の読み練習に使う)を想定して作った教案であり、初級コースでは、以下のように1日1課のペースで授業が進められていた。

　　　1コマ目(75分)：CAIによる文型・文法チェックと漢字の読み練習

　　　　　　　　　　　(予習の確認および質問受付の時間)

　　　2コマ目(75分)：口頭ドリル

　　　3コマ目(75分)：会話練習

　　　4コマ目(75分)：漢字練習・読解練習

　4コマ目の漢字練習・読み練習の時間は、75分全部を本書に使っているのではなく、15分程度を会話教科書に出てくる漢字語彙の読み練習に使い、残りの60分程度を本書を使った体系的な漢字練習および読解指導に当てている。このように、他の主教材との併用も可能であるから、実際のクラスの実情に合わせていろいろな使い方を工夫していただきたいと思う。

Preface

In the field of Japanese language education, memorizing kanji has largely been entrusted to the student's individual efforts. It goes without saying that a good command of kanji is necessary to read and write Japanese, and it takes time and persistence to reach the level where students can read and write kanji fluently. Until now, due to inadequacies in teaching materials, many students have understandably been discouraged by a slow and inefficient learning process. These two volumes have been designed with this in mind and aim to teach kanji both systematically and effectively.

In these texts, kanji are examined according to the following five features.

1) kanji with complicated shapes

2) kanji comprised of several components

3) kanji which both express meanings independently and play important roles in forming other words

4) the combination of kanji and hiragana or katakana in written language

5) kanji with several different readings and meanings

To deal with the areas of difficulty outlined above, it is necessary to give systematic explanations of kanji as they are presented and to set an attainable goal by selecting a minimum number of basic kanji for students to memorize.

Instead of simply instructing students to memorize kanji as they show up, these books introduce the origins of each character systematically, showing how these characters are used in combination with other kanji to form words often seen in daily life.

The expectation that students will be able to learn to read and write the basic 500 kanji by the end of this course is reflected in the following aims:

1) to give a broad explanation of what kanji are comprised of (i.e. origin, meanings of independent characters, 'ON-KUN' reading, calligraphy, radicals, etc.).

2) to help students achieve competence in reading kanji (including ability to infer the meaning of a kanji from its construction, analyzing kanji compounds to arrive at their meanings, etc.).

3) to teach effective ways of memorizing kanji so that students can make not only perceptive but also productive use of their knowledge.

The 500 basic characters for beginners have been chosen primarily on the basis of the aims described above. The following five points have also been important in the selection process.

1) Kanji that clearly represent one concept introduced in the class have been selected (e.g. pictographs, ideographs, and logograms).

2) To achieve competence in reading, verb-kanji, adjective-kanji and nominal kanji that are frequently found in texts and used in daily life have been chosen.

3) In order to teach the concept of radicals, to some extent, each kanji with a radical has been grouped with others of the same type.

4) Frequently used kanji and those characters which are highly useful in forming new words are included. (cf. *A New Dictionary of Kanji Usage* by Gakken, *Kanji Used in Recent Newspapers and Words* and *Kanji Used in 90 Recent Magazines* by the National Institute of Japanese Language)

5) Personal and place names, and kanji that are often seen in everyday life are introduced in addition to the basic 500 characters.

We must note here that these 500 characters include some kanji which are not frequently used themselves but are helpful because they work as elements of many other kanji. We also must mention that there are some explanations given in this material which in fact differ from the actual derivation of a certain kanji or radical. We have taken this liberty because we feel that these explanations will be more easily understood by students and will be effective as aids in memorizing kanji.

How to use these books

The structure of each lesson is as follows:

Unit 1	Kanji Topics
Unit 2	Basic Kanji (10 - 12 characters in each lesson) 2-1 Writing Kanji, 2-2 Reading Exercises 2-3 Writing Exercises
Unit 3	Reading Material (from Lesson 11)
Kanji in Daily life	Do you know these kanji? Can you use them?

"Kanji Topics" introduces you to the explanations (derivations, structures, radicals, etc.), classifications (parts of speech, meanings, situations) and structures (compounds, affixes) of kanji. Before each lesson you can pre-read this section and have some idea about the kanji you are about to study in the classroom. It is even better if you read these again after covering the characters in class.

Unit 2

Unit 2 consists of three parts: Writing Kanji, Reading Exercises and Writing Exercises.

In "Writing Kanji", each column introduces the following information about the character. (See example below.)

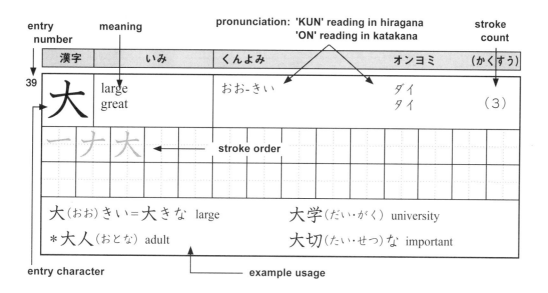

Inflectional words are given in their dictionary forms. However, na-adjectives are given in their noun-modifying forms as Adj-な. Parentheses indicate uncommon readings, and a hyphen (-) is used to connect the stem to its inflectional endings.

In the example usage box, respective readings are enclosed in parentheses immediately after kanji. An asterisk (*) marks a special way of reading, and a dot (.) indicates the boundaries of the kanji.

First, memorize the meanings, 'ON-KUN' readings, and usage examples. It may help you to copy the stroke order several times as you memorize. When you are ready to read those kanji, you can move on to "Reading Exercises". Exercise I contains essential readings. In Exercise II, you can practice reading kanji in sentences. It is advisable to write the readings down in a notebook and ask your teacher to check them. This will stimulate not only your aural memory but also your visual memory.

After completing "Reading Exercises", you can practice writing in "Writing Exercises". Exercise I lists only basic vocabulary that uses the kanji you have studied. Try to associate the meaning and reading with each character as you write it.

In Exercise II, you will come across characters that did not appear in Exercise I. Exercise II has been deliberately organized in this way to accustom you to the structure of kanji compounds. Here you may need your teacher's help to make sure that you are writing the kanji correctly.

In Exercise III, you will not only review the kanji vocabulary you have already learned, but also practice deciding which parts of a sentence may be written with kanji. Here you are encouraged to look up kanji for words you have not yet learned.

Unit 3

"Reading Material" starts from Lesson 11. The aim of this is to get you to read the kanji you have learned. First you will read easy paragraphs containing only learned characters. Practice reading several times until you can read correctly and answer the questions. Gradually the reading material will include more variations (tasks and games). In the later lessons, you are expected to grasp the contents faster or to extract only necessary information from complicated contexts.

The readings have been arranged so that by the end of these lessons, you will feel confident reading passages containing many kanji.

 知っていますか できますか Kanji in Daily Life ／復習 Review
ふくしゅう

It is not necessary to go through these sections with the same speed that other parts of the lessons require. You can take your time to read these. These can also be used as topics for classroom conversation.

After every five lessons there are review sections.

Introduction to the Japanese Writing System

There are three kinds of characters in Japanese: hiragana, katakana and kanji. Hiragana and katakana are characters that represent sounds. Kanji, however, are characters which express not only sounds but also meanings. Japanese sentences can be written either using either hiragana or katakana only, but this is not the case with kanji.

Look at the following sentences.

1) わたしはにほんじんです。

2) ワタシハニホンジンデス。

3) 私は日本人です。

The above three sentences express the same meaning: "I am Japanese," but sentences 1) and 2) are rarely used. Sentence 1) might be used in children's books and sentence 2) in a telegram. Sentence 3) is the one most commonly written in Japanese.

The kanji 私 carries not only the sound [WATASHI] but also the meaning "I". 日本人 [NI-HONJIN] is the kanji compound which means "a Japanese person". Roughly speaking, the kanji in Japanese sentences carry certain concepts and hiragana add grammatical details to the concepts. It is possible to read Japanese very quickly by picking out the kanji, thus getting the main concepts of each sentence. Of course, hiragana are also important in providing understanding of the details of the sentence.

Katakana are used to represent words of foreign origin as in the following.

4) 私はアメリカ人です。

Sentence 4) means "I am American," and the part "America" is written in katakana. Look at the following examples and notice that the original English pronunciations are partly changed since the Japanese language has a different sound system from that of English.

アイスクリーム	[AISUKURIIMU]	ice cream
ウイスキー	[UISUKII]	whisky
テレビ	[TEREBI]	television
ラジオ	[RAJIO]	radio
コンピューター	[KONPYUUTAA]	computer
フランス	[FURANSU]	France
インド	[INDO]	India
スミス	[SUMISU]	Smith

Kanji were introduced from China nearly 2000 years ago. Hiragana and katakana were made up from certain kanji in order to represent the Japanese syllabary. Hiragana were formed by simplifying the whole shape of certain kanji, and katakana were formed from a single part of a kanji. (See below)

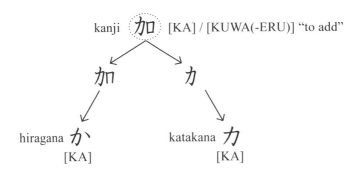

[Hiragana and original kanji]

安 あ a	以 い i	宇 う u	衣 え e	於 お o
加 か ka	幾 き ki	久 く ku	計 け ke	己 こ ko
左 さ sa	之 し shi	寸 す su	世 せ se	曽 そ so
太 た ta	知 ち chi	川 つ tsu	天 て te	止 と to
奈 な na	仁 に ni	奴 ぬ nu	祢 ね ne	乃 の no
波 は ha	比 ひ hi	不 ふ fu	部 へ he	保 ほ ho
末 ま ma	美 み mi	武 む mu	女 め me	毛 も mo
也 や ya		由 ゆ yu		与 よ yo
良 ら ra	利 り ri	留 る ru	礼 れ re	呂 ろ ro
和 わ wa	遠 を o	ん n		

[Katakana and original kanji]

阿 ア a	伊 イ i	宇 ウ u	江 エ e	於 オ o
加 カ ka	幾 キ ki	久 ク ku	介 ケ ke	己 コ ko
散 サ sa	之 シ shi	須 ス su	世 セ se	曽 ソ so
多 タ ta	千 チ chi	川 ツ tsu	天 テ te	止 ト to
奈 ナ na	二 ニ ni	奴 ヌ nu	祢 ネ ne	乃 ノ no
八 ハ ha	比 ヒ hi	不 フ fu	部 ヘ he	保 ホ ho
末 マ ma	三 ミ mi	牟 ム mu	女 メ me	毛 モ mo
也 ヤ ya		由 ユ yu		与 ヨ yo
良 ラ ra	利 リ ri	流 ル ru	礼 レ re	呂 ロ ro
和 ワ wa	乎 ヲ o	ン n		

目次（Table of Contents）Vol. 2
もくじ

課 L	内容 Contents	漢字 Kanji for each Lesson	p.
23	趣味 しゅみ Hobbies	映 画 写 真 音 楽 料 組 思 色 白 黒 赤　　　　　　　　　13	**1**
		新聞のテレビ番組表 TV Programming Guide しんぶん　　　ばんぐみひょう	**9**
24	動詞の漢字 -4- どうし 反対の動作 はんたい　どうさ Verbs -4- Opposite Actions	起 寝 遊 立 座 使 始 終 貸 借 返 送　　　　　　　　　　12	**11**
		予定表 Schedule Sheet よ ていひょう	**20**
25	日本の結婚式 けっこんしき Japanese Wedding Ceremonies	結 婚 離 席 欠 予 定 洋 式 和 活　　　　　　　　　　　11	**21**
復習 21-25 ふくしゅう Review Lesson 21-25		L21-L25の漢字／語構成 2　　　(287) ごこうせい	**31**
26	日本の四季 しき The Four Seasons in Japan	春 夏 秋 冬 暑 熱 寒 冷 暖 温 涼 天　　　　　　　　　　12	**35**
		年賀状と暑中見舞い Greeting Cards ねん が じょう　しょちゅうみ ま	**43**
27	接辞の漢字 -2- 仕事 せつじ　　　　　し ごと Prefixes and Suffixes -2- Occupations	仕 事 者 運 転 選 記 議 員 商 業 農　　　　　　　　　　12	**45**
		いろいろな仕事 Various Occupations	**54**
28	テスト問題 Test Questions	良 悪 点 正 違 同 適 当 難 次 形 味　　　　　　　　　　12	**55**
		原稿用紙（Manuscript Paper）の使い方 げんこうよう し	**63**
29	大学の入学試験 にゅうがく し けん University Entrance Examinations	試 験 面 接 説 果 合 格 受 落 残 念　　　　　　　　　　12	**64**
		申込書（Application Forms）の書き方 もうしこみしょ	**72**
30	部首 -5- ぶしゅ Radicals -5-	指 折 払 投 打 深 洗 流 消 決 　　　　　　　　　　　　10	**73**
復習 26-30 ふくしゅう Review Lesson 26-30		L26-L30の漢字　　　　　　(345)	**81**

課 L	内容 Contents	漢字 Kanji for each Lesson	p.
31	旅行 りょこう Travel	旅 約 案 準 備 相 談 連 絡 泊 特 急　　　　　　　　　　　12	85
		旅行パンフレット　Travel Pamphlet	93
32	駅などで見る表示 ひょうじ Transportation	線 発 到 交 機 関 局 信 路 故 注 意　　　　　　　　　　　12	94
		乗換案内 (Transfer Guide) のりかえあんない	103
33	町で見る表示 ひょうじ Miscellaneous Signs	押 引 割 営 自 由 取 求 願 知 　　　　　　　　　　　　　10	104
		漢字で遊ぶ　Kanji Pictures	112
34	物の名前と総称 そうしょう General Terms for Utensils	台 窓 具 器 用 服 紙 辞 雑 誌 　　　　　　　　　　　　　10	113
		デパートの店内案内　Department Store Guide	121
35	経済で使われる漢字 Economic Terminology	銀 資 品 個 価 産 期 々 報 告 　　　　　　　　　　　　　10	123
復習 31-35 ふくしゅう Review Lesson 31-35		L31-L35の漢字／語構成 3　　　(399) ごこうせい	130
36	感情を表す漢字 かんじょう　あらわ Expressing Feelings	心 感 情 悲 泣 笑 頭 覚 忘 考 　　　　　　　　　　　　　10	133
		体の部分　Body Parts	142
37	動詞の漢字 -5- どうし 自動詞と他動詞 じどうし　　たどうし Verbs -5- Intransitive Verbs and Transitive Verbs	伝 代 呼 焼 曲 脱 別 集 並 喜 驚　　　　　　　　　　　　11	144
		漢字のレタリング　Kanji Lettering	153
38	形容詞の漢字 -3- けいようし Adjectives -3-	細 太 重 軽 狭 弱 眠 苦 簡 単 　　　　　　　　　　　　　10	154
		洋服についている記号　Washing Clothes	163
39	空港建設 くうこうけんせつ Airport Construction	空 港 飛 階 建 設 完 成 費 放 　　　　　　　　　　　　　10	164
		どこの国？　Kanji Names for Foreign Countries	172

課 L	内容 Contents	漢字 Kanji for each Lesson	p.
40	地理で使われる漢字 Geographical Features	位 置 横 向 原 平 野 風 両 橋 <div align=right>10</div>	**173**
復習 36-40 ふくしゅう Review Lesson 36-40		L36-L40の漢字 <div align=right>(450)</div>	**181**
41	漢語 -2- Kanji Compounds -2-	老 族 配 術 退 効 民 訪 顔 歯 <div align=right>10</div>	**185**
		電気器具の表示 Using Appliances ひょう じ	**193**
42	大学のカリキュラム University Curriculums	卒 論 実 調 必 要 類 得 失 礼 <div align=right>10</div>	**195**
		履歴書 (Japanese Résumé) の書き方 り れきしょ	**203**
43	変化を表す漢字 へん か あらわ Verbs for Change	増 加 減 変 移 続 過 進 以 美 <div align=right>10</div>	**205**
		日本の歴史年表 Periods of Japanese History ねんぴょう	**213**
44	抽象概念を表す ちゅうしょうがいねん あらわ 表現 ひょうげん Expressing Abstract Ideas	比 較 反 対 賛 共 直 表 現 初 <div align=right>10</div>	**215**
		漢和辞典 (Kanji Dictionary) の調べ方 かん わ じ てん	**223**
45	接辞の漢字 -3- せつ じ 抽象概念 ちゅうしょうがいねん Prefixes and Suffixes -3- Abstract Ideas	全 最 無 非 第 的 性 法 制 課 <div align=right>10</div>	**226**
復習 41-45 ふくしゅう Review Lesson 41-45		L41-L45の漢字 <div align=right>(500)</div>	**238**

☆ 音訓索引 (Vol. 1 & 2) おんくんさくいん	Reading Index (Vol. 1 & 2)	**241**
☆ 部首索引 ぶ しゅさくいん	Radical Index	**251**
☆ 基本漢字 500のリスト き ほんかん じ	Kanji List	**259**
☆ 漢字番号順音訓索引 かん じ ばんごうじゅんおんくんさくいん	Kanji No. Index (Vol. 2)	**262**

別冊　解答　Separate Volume; Answers
べっさつ　かいとう

第 23 課
だい か

ユニット1 ‥‥‥‥‥‥‥‥‥‥‥‥‥‥‥‥‥ 漢字の話

趣味（Hobbies）
しゅみ

1. 写真

2. 映画

3. 音楽

4. 読書

5. スポーツ

6. 料理

あなたの趣味は何ですか。

| 私の趣味は | 写真　読書
映画　スポーツ
音楽　料理 | を | とる　する
見る　楽しむ
聞く　作る | ことです。 |

1

ユニット2 ·· 第23課の基本漢字

2-1 漢字の書き方

漢字	いみ	くんよみ	オンヨミ	（画数）

252 映
reflect
project

くんよみ: うつ-る　うつ-す
オンヨミ: エイ
（9）

| 丨 | 冂 | 冂 | 日 | 日 | 旫 | 旫 | 映 | 映 | | | |

映（うつ）る to be reflected
映（うつ）す to project, to reflect

映画（えい・が）movie
上映（じょう・えい）する to show (a movie)

253 画
picture
kanji strokes

オンヨミ: ガ　カク
（8）

| 一 | 厂 | 币 | 币 | 雨 | 雨 | 画 | 画 | | | | |

日本画（に・ほん・が）Japanese painting
画面（が・めん）screen (TV/computer)

画家（が・か）painter
画数（かく・すう）the No. of strokes (in a kanji)

254 写
copy
photograph

くんよみ: うつ-る　うつ-す
オンヨミ: シャ
（5）

| 丨 | 冖 | 写 | 写 | 写 | | | | | | | |

写（うつ）る to be photographed
写（うつ）す to copy, to take (a picture)

写真（しゃ・しん）photograph

漢字	いみ	くんよみ	オンヨミ	（画数）

255 真
true
just

ま

シン

（10）

一 十 广 市 市 亘 直 真 真 真

真夜中（ま・よ・なか）the middle of the night, midnight 　真理（しん・り）truth
真（ま）っ白（しろ）pure white 　真剣（しん・けん）な serious

256 音
sound

おと

オン

（9）

亠 ナ 广 六 立 产 音 音 音

音（おと）sound, noise 　発音（はつ・おん）pronunciation
足音（あし・おと）footsteps 　音読（おん・よ）み the Chinese reading (of a kanji)

257 楽
pleasant
music

たの-しい
たの-しむ

ガク
ラク

（13）

ノ 亇 白 白 白 泊 泊 泊 浙 楽 楽 楽

楽（たの）しい enjoyable 　音楽（おん・がく）music
楽（たの）しむ to enjoy 　楽（らく）な easy, comfortable

258 料
materials
fee

リョウ

（10）

丶 丷 丷 半 米 米 米 米 米 料

料理（りょう・り）cooking 　料金（りょう・きん）fare, charge
材料（ざい・りょう）materials, ingredients 　原料（げん・りょう）raw materials

3

漢字	いみ	くんよみ	オンヨミ	（画数）

259 組
organize
assemble
く-む
くみ／-ぐみ
ソ
（11）

く ∠ ㄠ 乡 糸 糸 糸 糸 紀 紀 組 組

組（く）み合（あ）わせ combination 　　組（くみ）class, group, set

番組（ばん・ぐみ）(TV) program 　　組織（そ・しき）organization

260 思
think
おも-う
シ
（9）

丨 冂 田 田 田 思 思 思

思（おも）う to think 　　思（おも）い出（で）memories

思（おも）い出（だ）す to remember, to recall 　　思考力（し・こう・りょく）thinking ability

261 色
color
いろ
ショク
（6）

丿 ク ㄅ 名 名 色

色（いろ）color 　　原色（げん・しょく）primary colors

水色（みず・いろ）light blue 　　特色（とく・しょく）characteristic

262 白
white
しろ
しろ-い
ハク
（5）

丿 亻 白 白 白

白（しろ）white 　　白鳥（はく・ちょう）swan

白（しろ）い white 　　白紙（はく・し）blank paper

漢字	いみ	くんよみ	オンヨミ	（画数）

263

黒 | black | くろ
くろ-い | コク | （11）

⌐	冂	冂	甲	甲	甲	里	里	黒	黒	黒			

黒（くろ） black   黒字（くろ・じ） surplus

黒（くろ）い black   黒板（こく・ばん） blackboard

264

赤 | red | あか
あか-い | セキ | （7）

一	十	士	井	赤	赤	赤							

赤（あか）い red   赤字（あか・じ） deficit

赤（あか）ちゃん baby   赤道（せき・どう） the equator

2-2 読み練習

Ⅰ．つぎの漢字の読み方をひらがなで書きなさい。

1. 思う   2. 楽しむ   3. 楽な   4. 楽しい   5. 白い

6. 赤い   7. 黒い   8. 音   9. 色   10. 写真   11. 画家

12. 映画音楽   13. 料金   14. 赤ちゃん

Ⅱ．つぎの文を読んでみましょう。

1. テレビの画面に赤道の近くの国が映っている。
 めん

2. この料理の特色はいろいろな材料が入っていることです。
 とく   ざい

3. 先生が黒板に字を書いて、学生は発音の練習をします。
　　　　ばん　　　　　　　　　　　　　　　　はつ

4. 中国料理と日本料理とフランス料理の中で、何が一番好きですか。

5. 真夜中にテレビで音楽番組や外国映画をよく見ます。

6. 彼女は色が白く、黒くて長いかみがきれいです。

7. この字は画数が13画で、くん読みが「たのしい」、音読みが

　　「ガク」と「ラク」です。

8. 電気料金もガス料金も高くなったから、今月も赤字だ。

9. ふゆに白い雪の中でスキーをしたことは、楽しい思い出です。

2-3 書き練習 ....

Ⅰ．つぎの□に適当な漢字を書きなさい。
　　　　　　てきとう

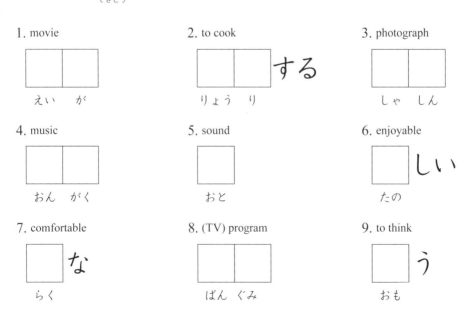

1. movie
えい　が

2. to cook
りょう　り　　する

3. photograph
しゃ　しん

4. music
おん　がく

5. sound
おと

6. enjoyable
たの　しい

7. comfortable
らく　な

8. (TV) program
ばん　ぐみ

9. to think
おも　う

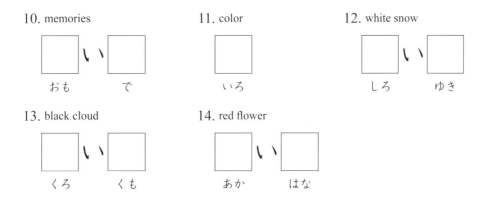

10. memories

□ い □
おも　　　で

11. color

□
いろ

12. white snow

□ い □
しろ　　　ゆき

13. black cloud

□ い □
くろ　　　くも

14. red flower

□ い □
あか　　　はな

Ⅱ．ことばの意味をかんがえて、適当な漢字を書いてみましょう。

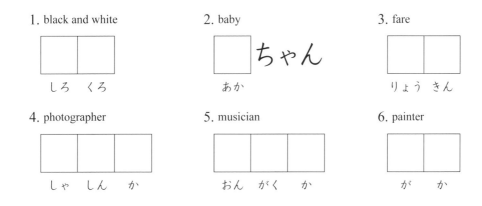

1. black and white

□□
しろ　くろ

2. baby

□ちゃん
あか

3. fare

□□
りょう　きん

4. photographer

□□□
しゃ　しん　か

5. musician

□□□
おん　がく　か

6. painter

□□
が　か

Ⅲ．つぎの文を習った漢字を使って書きましょう。

例．まよなかにともだちからでんわがかかってきた。

　　→　真夜中に友だちから電話がかかってきた。

1.「にちようび」の「よう」というじは、かくすうがおおくて、むずかしい。

2.ふるいしろくろのえいがをおもいだした。

3.ともだちといっしょにりょうりをつくるのはたのしい。

4.となりのテレビのおとがおおきいので、おんがくがよくきこえない。

7

ユニット3 ·· 読み物

＜プロポーズ (A Proposal of Marriage) ＞

　今日は真理子さんとデートだ。６時におきた。いつもより１時間も早い。ひげをそって、くつをみがいてから、家を出た。

　９時に真理子さんの家に着いた。ドアが開いて、真理子さんが出てきた。白いワンピースがとてもきれいだ。はじめに映画を見に行った。日曜日の映画館は、かなりこんでいた。映画はおもしろかった。

　映画の後、フランス料理のレストランへ行った。レストランは少し暗くて、かべには古い写真があり、静かな音楽が聞こえる。とてもいいムードだ。料理もおいしい。ワインを飲んで、真理子さんのほおは少し赤い。ぼくは目をつぶった。そして、思い切って真理子さんに言った。「真理子さん、ぼ、ぼ、ぼくとけっこんしてください！」

　その時、ベルの音が聞こえた。目を開けると、ぼくはベッドの上にいた。

＊デート　date	ひげをそる　to shave (oneself)	みがく　to polish
ワンピース　one-piece dress	こんでいる　to be crowded	かべ　wall
ムード　mood	ワイン　wine	ほお　cheek
目をつぶる　to shut one's eyes	思い切って〜　to find the courage to do ~	
ベル　bell	ベッド　bed	

[質問]

　1. この人はいつも何時におきるのですか。

　2. この人は真理子さんの家に行く前に、何をしましたか。

　3. 真理子さんは何色のワンピースを着ていましたか。

　4. 2人はどんなレストランへ行きましたか。

　5. この人は真理子さんとけっこんできると思いますか。

知っていますか できますか

＜新聞のテレビ番組表 (TV Programming Guide)＞
（ばんぐみひょう）

【第三種郵便物認可】　　　　　　　　　　　　　　　　　　　E

❶ NHKテレビ ☎0570-066066	時	❷ NHK Eテレ ☎0570-066066	❹ 日本テレビ ☎03(6215)4444
00字Ⓝ◇10字首都圏ネット 事件ファイル・見分け つかない偽ブランド品 選挙戦リポ神奈川栃木 00□字ニュース7 ノーベル賞授賞式直前 ▽LED研究新段階へ 30字クローズアップ現代 本を読まない人が急増 日本人に異変が？◇⊛	6	00字おじゃる丸◇10忍たま 20囲天才π 珍妙ハイテク 発明対決◇45くつだる 55 Rの法則 簡単お手軽 手作りアクセ▽100均 アイテムで安く早く！ 7.25□字超能力ファミリー サンダーマン パパと ママの記念日に大事件 50字ガールズ◇55育児	3.50字Ⓝevery. 消えた所有者を探せ！ 高級外車を放置4年間 重なる謎と解けぬ謎ほか
00解字デためしてガッテン 便もれ500万人の衝撃 まさか私が予備軍SP 30代で急増▽肛門力が 若返る新ワザ▽特効薬 45字首都圏ニュース845	7	00解字ハートネットTV NHK障害福祉賞①障 害者だから出来ること 30解字健康 がんリハビリ チームが合併症を防ぐ 45手手話ニュース845	00字トリックハンター 使える楽ヤセ術3連発 食べて45㌔減㊙有名人 白米アレに替え33㌔減 ボビー豪邸㊙お宝調査 56字笑ってコラえて「熱い 人たち発見SP」酒豪 鈴木砂羽がハシゴ旅に 早朝の中野で走る！ 日本の競馬を変えた男 ダービーの決断と武豊 8.54岩さんと、たもつ
00□字ニュースウオッチ9 子どもたち驚異の才能 伸ばすプロジェクト▽ 第4の産業革命到来？ ▽マララさん授賞式へ ▽衆院選党首の戦い②	8	00字きょうの料理 なます マリネ・ローストビー フ・雑煮▽栗原はるみ 30解字趣味・お寺のごはん 煮物▽京都・了徳寺の 大根だき◇55字まる得	00字ザ！世界仰天ニュース 〝実は字が読めない… 書けない〟衝撃告白の 有名人…脳の不思議と 読めるフリ続けた日々 54字心に刻む風景
00字撃墜 3人のパイロット 前編 命を奪い合った 日米中の若者のドラマ 戦争が奪った人生と絆 勝地涼 徳永えり◇Ⓝ 55囲衆議院比例代表選出議 員選挙政見放送 「東京都選挙区」	9	00 スーパープレゼン選 スーパーモデルの告白 〝美しさ〟の表と裏 25 フランス語 真飛聖▽ 大統領ケーキ▽リヨン 50 しごとの基礎英語	00字ⓓきょうは会社休みま す。「別れの温泉卓球 奇跡のプロポーズ！」 綾瀬はるか 福士蒼汰 仲里依紗 田口淳之介 高畑淳子 玉木宏ほか
11.25スポプラ 青木第三夜 ここまで来た競泳水着 35 NEWS WEB 0.05時論 震災復興と選挙 0.15クローズアップ現代(再) 0.41⊠⊗Nスペ(再) 緑の魔境の珍獣珍虫！ 福山雅治が中米を行く 1.30字アスリートの魂・選 ラフティング女子の絆 2.15地球イチバン(再)◇映像 4.20 視点 石川芳治	10 11 深夜	00解字100分de名著・ ハムレット 名セリフ に秘められた謎を解く 25字オイコノミア 幸せな おひとりさまの経済学 声優朴璐美◇ガッ活！ 55 Eテレ2355 0.00字亀田音楽専門学校(再) 三連リズムの秘密に迫 る▽ゆず名曲を生演奏 0.45字⊗伝わる日本語 1.00ロシア語(再) 美しい大 通りを散策（1.27終） 5.30 テレビでアラビア語	00字Ⓝ ZERO 栄誉直前 ノーベル賞3氏の表情 ▽カニの値段上がる？ 0.09ナカイ窓 ブサイク軍 美容院で合コンで…涙 熱愛小峠VS新兵器ハラ 1.04箱根駅伝の刻 国学大 1.09なら婚 覆面レスラー レスラー夫婦に父驚き 1.44字寄生獣 セイの格率 2.14浜ちゃんが 美女SP 2.44⊠⊗読響 アルペン全曲 3.44手越のCWC（4.00） 4.00字Oha4Ⓝ⊛ライブ

（2014年12月10日付　日本経済新聞夕刊）

いろいろな記号

Ⓝ　ニュース　news

㋑　天気予報（てんきよほう）weather forecast

㊗　再放送（さいほうそう）rebroadcast

⊟　二か国語（にかこくご）bilingual broadcast

SS　サラウンドステレオ　stereo sound

字　文字放送（もじほうそう）closed captioning

手　手話放送（しゅわほうそう）sign language

解　解説放送（かいせつほうそう）video description (audio service for the visually impaired , provides verbal description of visual action)

デ　番組連動型（ばんぐみれんどうがた）データ放送（ほうそう）broadcast linked system

双　双方向番組（そうほうこうばんぐみ）interactive television (programming incorporating viewer responses in real time)

［質問］

1. 一番早い朝のニュースは何時からですか。

2. 一番遅い夜の英語のニュースは、いつどのチャンネルで聞けますか。

3. 料理の番組はありますか。

4. 音楽の番組はありますか。

5. どんな外国語学習の番組がありますか。

6. この中であなたはどの番組を見てみたいですか。

(書いてみよう)　あなたの国のテレビには、チャンネルがいくつありますか。あなたの国の番組について説明してください。
　　　　　　　　　　　　　　　せつめい

第 24 課
だい か

ユニット1 ・・・・・・・・・・・・・・・・・・・・・・・・・・・・ 漢字の話

動詞の漢字 -4- 反対の動作（Verbs -4- Opposite Actions）
どうし　　　　　はんたい　どうさ

これは、この課で勉強する動詞の漢字です。
か　　　　　どうし

起　寝　遊　立　座　使　始　終　貸　借　返　送

これをいくつか反対の動作に分けてみましょう。

＿＿＿に適当な（appropriate）ひらがなを書きなさい。
てきとう

1. 赤ちゃんが 寝＿＿＿＿＿　⇔　2. 赤ちゃんが 起＿＿＿＿＿

3. 男の人の 近くに 立＿＿＿＿＿　⇔　4. 女の人のとなりに 座＿＿＿＿＿

5. 男の子が 遊＿＿＿＿＿　⇔　6. 男の子が 働＿＿＿＿＿

7. 映画が 始＿＿＿＿　　　⇔　　8. 映画が 終＿＿＿＿

9. 図書館に本を 返＿＿＿＿

10. 学生に本を 貸＿＿＿＿　　11. 学生が本を 借＿＿＿＿

自動詞と他動詞 （Intransitive Verbs and Transitive Verbs）
じどうし　たどうし

＜〜が　Vi＞	＜〜が　〜を　Vt＞
起きる／起こる （to get up, to happen）	起こす （to wake up, to cause）
立つ （to stand, to stand up）	立てる （to set up）
曲がる （to curve, to be bent）	曲げる （to bend）
始まる （to begin）	始める （to begin something）
終わる （to finish）	終える （to finish something）

ユニット2 ‥‥‥‥‥‥‥‥‥‥‥‥‥ 第24課の基本漢字

2-1 漢字の書き方 ‥‥‥‥‥‥‥‥‥‥‥‥‥‥‥‥‥‥‥

漢字		いみ	くんよみ			オンヨミ	（画数）

265 起　rise / happen　　お-きる　お-こる　キ　　お-こす　（10）

一 十 土 キ キ 走 走 起 起 起

起（お）きる to get up, to happen　　　起（お）こる to happen

起（お）こす to cause, to wake up　　　起立（き・りつ）する to stand up

266 寝　sleep　　ね-る　ね-かす　シン　（13）

丶 宀 宀 宀 宀 疒 疒 疒 疒 寑 寝

寝（ね）る to sleep　　　寝室（しん・しつ）bedroom

寝（ね）かす to put (someone) to bed　　　寝台車（しん・だい・しゃ）sleeping car

267 遊　play / amuse　　あそ-ぶ　ユウ　（12）

丶 亠 う 方 方 方 方 扩 斿 游 遊

遊（あそ）ぶ to play　　　遊園地（ゆう・えん・ち）amusement park

遊（あそ）び play

漢字	いみ	くんよみ	オンヨミ	（画数）

268

立 | stand / establish | た-つ／たち- / た-てる | リツ | (5)

丶 亠 六 立 立

立（た）つ to stand, to stand up　　国立（こく・りつ）national

立場（たち・ば）position　　私立（し・りつ）private

269

座 | seat / sit | すわ-る | ザ | (10)

丶 亠 广 庁 庆 庆 庆 座 座 座

座（すわ）る to sit　　座席（ざ・せき）seat

正座（せい・ざ）する to sit up straight; to sit in the formal Japanese style

270

使 | use | つか-う | シ | (8)

丿 亻 仁 仁 仃 伊 伊 使

使（つか）う to use, to employ　　使用（し・よう）する to use

使（つか）い方（かた）how to use　　大使（たい・し）ambassador

271

始 | begin / start | はじ-まる / はじ-める | シ | (8)

く 女 女 如 如 妁 始 始

始（はじ）まる to begin, to start　　開始（かい・し）する to begin

始（はじ）める to begin (something)　　始発（し・はつ）the first train/bus

漢字	いみ	くんよみ	オンヨミ	（画数）

272 終
end
finish
お-わる
お-える
シュウ
（11）

く　ㄠ　幺　糸　糸　糸　紀　紣　終　終

終(お)わる to end, to finish

終(お)える to finish (something)

終電(しゅう・でん) the last train

終点(しゅう・てん) the last station/stop

273 貸
lend
rent
か-す
（タイ）
（12）

ノ　イ　イ―　代　代　代　伐　貸　貸　貸　貸　貸

貸(か)す to lend, to rent

貸(か)し出(だ)し lending

賃貸(ちん・たい)マンション rental apartment

274 借
borrow
rent
か-りる
シャク／
シャッ-
（10）

ノ　イ　仁　仁　仕　借　借　借　借　借

借(か)りる to borrow, to rent

借金(しゃっ・きん) debt

借用書(しゃく・よう・しょ) IOU (I owe you)

275 返
return
かえ-る
かえ-す
ヘン
（7）

一　厂　反　反　返　返　返

返(かえ)す to return

返事(へん・じ) reply

返信(へん・しん)する to reply (by letter/email)

返済(へん・さい)する to pay back

漢字		いみ	くんよみ		オンヨミ	（画数）

276 送 | send | おく-る | ソウ | （9）

丶 ゛ ゛ ゛ 关 关 关 送 送

送（おく）る to send　　　　　送別会（そう・べつ・かい）farewell party

見送（み・おく）る to see off　　　送料（そう・りょう）postage

2-2 読み練習

I. つぎの漢字の読み方をひらがなで書きなさい。

1. 起きる　　2. 寝る　　3. 立つ　　4. 座る　　5. 始まる

6. 終わる　　7. 借りる　　8. 貸す　　9. 返す　　10. 使う

11. 遊ぶ　　12. 送る　　13. 寝室　　14. 国立大学　　15. 貸し出し

II. つぎの文を読んでみましょう。

1. このコンピューターの使い方を教えてください。

2. 市立図書館の本の貸し出しは2週間だけです。

3. 先週の送別会の帰りに友だちにかさを借りましたが、今日
　　　　　　べつ

　返しました。

4. お母さんは子どもを毎晩8時に寝かして、朝6時に起こします。

5. この映画は午前11時に始まって午後1時半に終わる。

6. 彼は今寝室で寝ていますから、1時間後に起こしてください。

7. 座席がなくて座れませんでしたから、立って映画を見ました。
   せき

2-3 書き練習 ··

Ⅰ. つぎの□に適当な漢字を書きなさい。
   てきとう

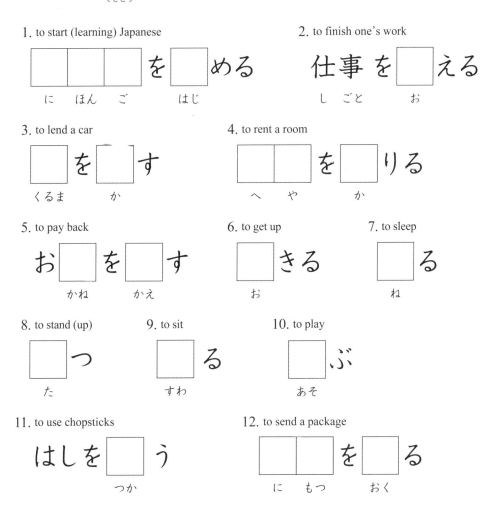

1. to start (learning) Japanese

□□□ を □ める
に ほん ご　　はじ

2. to finish one's work

仕事 を □ える
し ごと　　　お

3. to lend a car

□ を □ す
くるま　　か

4. to rent a room

□□ を □ りる
へ や　　か

5. to pay back

お□ を □ す
かね　　かえ

6. to get up

□ きる
お

7. to sleep

□ る
ね

8. to stand (up)

□ つ
た

9. to sit

□ る
すわ

10. to play

□ ぶ
あそ

11. to use chopsticks

はし を □ う
つか

12. to send a package

□□ を □ る
に もつ　　おく

Ⅱ. ことばの意味をかんがえて、適当な漢字を書いてみましょう。
　　　　　　いみ　　　　　　　　　　てきとう

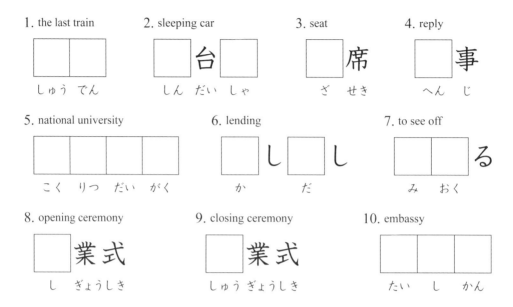

1. the last train

□□
しゅう　でん

2. sleeping car

□台□
しん　だい　しゃ

3. seat

□席
ざ　せき

4. reply

□事
へん　じ

5. national university

□□□□
こく　りつ　だい　がく

6. lending

□し□し
か　　　だ

7. to see off

□□る
み　　おく

8. opening ceremony

□業式
し　ぎょうしき

9. closing ceremony

□業式
しゅう　ぎょうしき

10. embassy

□□□
たい　し　かん

Ⅲ. つぎの文を習った漢字を使って書きましょう。

例. とうきょうえきまでおきゃくをみおくった。

　　→　東京駅までお客を見送った。

1. おんがくかいのかいしじかんは、ごごしちじです。

2. こどもとゆうえんちにいって、ジェットコースターにのってあそんだ。

3. べいこくのたいしとけいざいのもんだいについてはなしあった。

4. しゃっきんをかえすために、あさおきてからよるねるまではたらいて

　　います。

18

ユニット３ ‥‥‥‥‥‥‥‥‥‥‥‥‥‥‥‥‥‥‥‥ 読み物

＜一日の生活 (One's Daily Life) ＞
せいかつ

[問題] つぎのインタビューを読んで、下の表（chart）に男の人の起きる時間、
ひょう
会社が始まる時間、終わる時間、帰宅時間、寝る時間などを書きいれ、
ほかにすることも書きなさい。

6	7	8	9	10	11	12	1	2	3	4	5	6	7	8	9	10	11	12

起きる

【イ：インタビュアー　男：男の人】

イ：あのう、ちょっとお時間を
　　いただけますか。

男：はい。何でしょう。

イ：あなたの一日の生活について、
　　いくつか質問に答えていただき
　　たいんですが……。

男：はあ。

イ：ええと、毎朝何時に起きますか。

男：そうですね。7時ごろかな。

イ：朝食は。

男：ほとんど食べないんです。

イ：はあ、そうですか。お仕事は
　　何時に始まるんですか。

男：ええと、9時です。

イ：じゃあ、お宅を出るのは。

男：7時40分ごろ。

イ：で、お仕事は何時ごろ終わり
　　ますか。

男：5時ですけど、やっぱり会社を
　　出るのは6時ごろになりますね。

イ：すると、家に着くのは7時半
　　ごろですか。

男：いえ、外で夕食を食べて帰る
　　から、たいてい9時すぎになっ
　　ちゃうんです。

イ：帰宅してから寝るまでの時間
　　はどんなことをしていますか。

男：そうですね、テレビを見たり
　　本を読んだりですね。

イ：で、何時ごろ寝ますか。

男：たいてい11時ごろですね。

イ：休みの日にはどこかへ遊びに
　　行ったりしますか。

男：いえ、お金もないし、恋人もいな
　　いし、家でごろごろしています。

イ：どうもありがとうございました。

＊仕事 job
　しごと

　恋人 lover
　こいびと

　ごろごろする to idle one's time away

知っていますか できますか

＜予定表 (Schedule Sheet) ＞
よていひょう

2月　Feb.	
14 日 SUN	2:00 新宿 待ち合わせ 山口くんと映画
15 月 MON	英語　政治学研究会　☆前田さんに本を借りる
16 火 TUE	政治学　英語
17 水 WED	政治史　英語テスト　6:00 テニス部練習
18 木 THU	経済　教育
19 金 FRI	図書館　☆政治学のレポート提出!!　☆本返却
20 土 SAT	9:00～ テニス部合宿開始　☆2/28 終了

待ち合わせ appointment
ま　あ

提出＝出すこと submission
ていしゅつ

返却＝返すこと return
へんきゃく

合宿 training camp
がっしゅく

開始＝始めること beginning
かい し

終了＝終わること finish
しゅうりょう

第 25 課
だい　か

ユニット1 ·· 漢字の話

日本の結婚式 （Japanese Wedding Ceremonies）
けっこんしき

[和式 (Japanese-style)]
わ しき

[洋式 (Western-style)]
よう しき

新郎 groom　新婦 bride
しんろう　　しん ぷ

新郎 groom　新婦 bride
しんろう　　しん ぷ

結婚までの予定 （the schedule up to the wedding）
よ てい

[見合い結婚 (arranged marriage)]
み あ

[恋愛結婚 (love marriage)]
れんあい

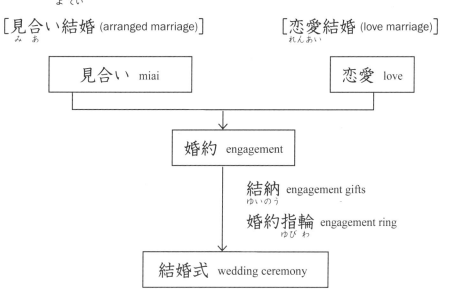

見合い miai

恋愛 love

婚約 engagement

結納 engagement gifts
ゆいのう

婚約指輪 engagement ring
ゆび わ

結婚式 wedding ceremony

「和（ワ）」means "Japanese".

和式（わ・しき）	Japanese-style
和服（わ・ふく）	Japanese-style clothes ＝着物
和室（わ・しつ）	Japanese-style room
和書（わ・しょ）	Japanese books
和食（わ・しょく）	Japanese food
和菓子（わ・がし）	Japanese sweets
和歌（わ・か）	Japanese poetry with 5-7-5-7-7 syllables

「洋（ヨウ）」means "Western".

洋式（よう・しき）	Western-style
洋服（よう・ふく）	Western-style clothes
洋室（よう・しつ）	Western-style room
洋書（よう・しょ）	Western books
洋食（よう・しょく）	Western food
洋菓子（よう・がし）	Western-style sweets
洋酒（よう・しゅ）	Western liquor　⇔　日本酒（にほん・しゅ）Japanese sake
洋画（よう・が）	Western film　⇔　邦画（ほう・が）Japanese film

お祝い（monetary gift）
いわ

　A special envelope with ceremonial red and white cords is used to make a monetary gift. You write「御祝 (a gift)」or「寿 (felicitations)」and your name on the envelope.
おいわい　　　　　　　　ことぶき

　You may use an envelope with gold or silver cords, but the left edge of the envelope must always be red. You should not use a similar kind of envelope which has a green or gray edge, as this is used to make an offering of money to departed spirits. People write 「御霊前 (to spirit of the departed)」on the envelope and offer it at funerals.
ご れいぜん

ユニット2 ・・・・・・・・・・・・・・・・・・・・・ 第25課の基本漢字

2-1 漢字の書き方

漢字	いみ	くんよみ	オンヨミ	（画数）

277 結 connect / conclude　むす-ぶ　　ケツ／ケッ- （12）

く　幺　幺　糸　糸　糸　糸一　糹　結　結　結　結

結（むす）ぶ to tie, to connect　　結婚（けっ・こん）marriage
結論（けつ・ろん）conclusion　　結果（けっ・か）result

278 婚 marry　　コン （11）

く　女　女　妒　妒　妒　娀　娀　婚　婚　婚

結婚（けっ・こん）する to get married　　婚約（こん・やく）する to get engaged
新婚旅行（しん・こん・りょ・こう）honeymoon

279 離 separate　はな-れる　はな-す　リ （19）

亠　亠　宀　文　卣　卤　卨　离　离　离　离　离　离

离　離　離　離　離

離（はな）れる to separate, to leave　　離婚（り・こん）する to divorce
離（はな）す to part　　別離（べつ・り）separation

漢字	いみ	くんよみ	オンヨミ	（画数）

280 席 — seat — セキ （10）

一 广 广 庐 庐 庐 庐 席 席

席（せき）seat　　　　　　　　指定席（し・てい・せき）reserved seat

出席（しゅっ・せき）する to attend　　　座席（ざ・せき）seat

281 欠 — defect / lack — か-ける / か-く — ケツ／ケッ- （4）

ノ 𠂉 ケ 欠

欠（か）ける to lack　　　　欠点（けっ・てん）fault, shortcoming

欠席（けっ・せき）する to be absent

282 予 — previous — ヨ （4）

フ マ ヱ 予

予定（よ・てい）schedule, plan　　　予習（よ・しゅう）する to prepare (for class)

天気予報（てん・き・よ・ほう）weather forecast　　予約（よ・やく）する to reserve

283 定 — fix / settle — さだ-まる / さだ-める — テイ （8）

丶 ⼧ 宀 宁 宇 定 定

定（さだ）める to decide　　　　定食（てい・しょく）set meal

定員（てい・いん）capacity, quota　　定期（てい・き）commuter pass

| 漢字 | いみ | くんよみ | オンヨミ | （画数） |

284 洋 — ocean, Western
オウ... ヨウ （9）

` 丶 氵 氵 汁 洋 洋 洋 洋

西洋（せい・よう）the West
東洋（とう・よう）the East
洋服（よう・ふく）Western-style clothes
洋食（よう・しょく）Western food

285 式 — ceremony, form
シキ （6）

一 二 テ 工 式 式

式（しき）ceremony, formula
結婚式（けっ・こん・しき）wedding ceremony
方式（ほう・しき）form, system
正式（せい・しき）な formal, official

286 和 — peace, sum, Japanese
ワ （8）

ノ 二 千 禾 禾 和 和 和

平和（へい・わ）peace
和食（わ・しょく）Japanese food
和（わ）harmony, the sum
和服（わ・ふく）kimono, Japanese-style clothes

287 活 — vivid, vigor
カツ／カッ- （9）

丶 丶 氵 氵 汗 活 活 活 活

生活（せい・かつ）life, living
活発（かっ・ぱつ）な active
活字（かつ・じ）movable type, printed matter
活動（かつ・どう）activity

2-2 読み練習 ....

Ⅰ. つぎの漢字の読み方をひらがなで書きなさい。

　1. 結婚式　　2. 出席する　　3. 欠席する　　4. 和式　　5. 洋式

　6. 予定　　7. 新婚生活　　8. 離婚する　　9. 定食

10. 西洋料理

Ⅱ. つぎの文を読んでみましょう。

　1. 兄は２月に婚約して、５月に結婚する。

　2. 姉は１年前に離婚した。

　3. 10 月 11 日に友だちの結婚式に出席する。

　4. 土曜日は予定があったから、パーティーを欠席した。

　5. 天気予報を見てから、公園へ行った。
　　　てん　　　ほう

　6. お昼は洋食にしますか、和食にしますか。

　7. 焼き魚定食にします。 I'll have a grilled fish set.
　　　や

　8. 私は今、父や母と離れて生活しています。 I live away from my father and
　　　　　　　　　　　　　　　　　　　　　　　　mother.

2-3 書き練習 ･･･

Ⅰ. つぎの□に適当な漢字を書きなさい。
_{てきとう}

1. marriage   2. divorce

		↔		
けっ	こん		り	こん

3. to attend する ↔ 4. to be absent する

しゅっ　せき　　　　　　　　　けっ　せき

5. Western food and Japanese food

□□ と □□
よう　しょく　　わ　しょく

6. the East and the West

□□ と □□
とう　よう　　せい　よう

7. set meal

□□
てい　しょく

8. schedule

□□
よ　てい

9. life, living

□□
せい　かつ

10. ceremony

□
しき

Ⅱ. ことばの意味をかんがえて、適当な漢字を書いてみましょう。
_{い　み}　　　　　　　　　　　_{てきとう}

1. to tie a string

ひもを □ ぶ
むす

2. to leave the country

□ を □ れる
くに　　はな

3. activity

□□
かつ　どう

4. Western books

□□
よう　しょ

5. Western liquor

□□
よう　しゅ

6. Western-style

□□
よう　しき

27

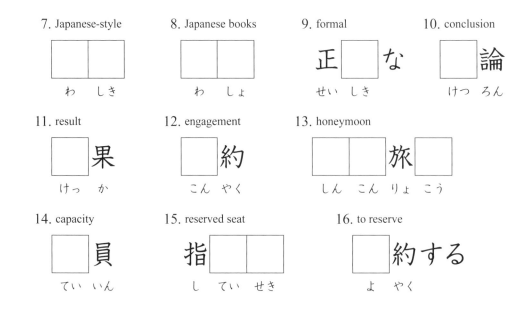

7. Japanese-style わ しき

8. Japanese books わ しょ

9. formal 正□な せい しき

10. conclusion □論 けつ ろん

11. result □果 けっ か

12. engagement □約 こん やく

13. honeymoon □□旅□ しん こん りょ こう

14. capacity □員 てい いん

15. reserved seat 指□□ し てい せき

16. to reserve □約する よ やく

Ⅲ. つぎの文を習った漢字を使って書きましょう。

例. しんぶんは、かつじがちいさくて、よみにくい。

→ 新聞は、活字が小さくて、読みにくい。

1. こどものがっこうのにゅうがくしきにしゅっせきする。

2. おたくのおてあらいは、ようしきですか、わしきですか。

3. らいねんけっこんするよていです。

4. せんげつせいしきにりこんして、あたらしいせいかつをはじめた。

5. べんきょうばかりではなく、クラブかつどうもよくやっている。

ユニット3 .... **読み物**

<手紙>
（てがみ）

リー・トンプソン様

前略　お元気ですか。バンコクでのお仕事と比べて、筑波大学での
新しいお仕事はいかがですか。私は、入社3年目で4月に本社から
新宿の支社に移り、帰りが前よりもっと遅くなりました。結婚式の
準備もまだまだです。

　来月の結婚式は、教会でする予定です。そしてその後、近くの
イタリアンレストランでパーティーをします。おいしいワインを
たくさん出そうと思っています。出席者は、リーさんも入れて50人
ぐらいになるでしょう。ニナさんやリンくんも来てくれますよ。

　そこでお願いなのですが、パーティーで、友人としてスピーチを
していただけませんか。大学のボランティアグループでの話でもいい
ですし、夏にみんなと行ったキャンプの話でもいいです。楽しい話を
お願いします。

　それでは、お返事をお待ちしています。

草々

20XX年6月9日

前田洋子

＊前略　the usual first form of address in a Japanese letter, like 'Dear Sir' in English
（ぜんりゃく）

筑波大学　University of Tsukuba　　　比べる　to compare　　　　本社　the main/head office
（つくばだいがく）　　　　　　　　　　（くら）　　　　　　　　　　　（ほんしゃ）

支社　branch office　　　　　　　　　移る　to move, to transfer　　準備　preparation
（ししゃ）　　　　　　　　　　　　　　（うつ）　　　　　　　　　　　（じゅんび）

返事　reply　　　　　　　　　　　　　お願いする　to wish, to request
（へんじ）　　　　　　　　　　　　　　（ねが）

草々　common way of ending a Japanese letter, like 'Sincerely yours' in English
（そうそう）

[質問]

1. この手紙は、だれがだれに書きましたか。
　　（てがみ）

2. 洋子さんはどうして帰りが前より遅くなりましたか。

3. パーティーでは何がたくさん出る予定ですか。

4. 洋子さんはリーさんに何をお願いしましたか。

(書いてみよう) あなたも友だちに手紙で何かお願いしてみましょう。

手紙の書き方

①手紙を始めることば：「拝啓」「前略」など
　　　　　　　　　　　はいけい　ぜんりゃく

②季節のあいさつ：　　「さくらの花もさきはじめました。」
　　　きせつ
　　　　　　　　　　　「さむい日がつづきますが、」など

③相手の様子を聞く：　「お元気ですか。」
　　あいて
　　　　　　　　　　　「おかわりありませんか。」

　　　　　　　　　　　「いかがおすごしですか。」など

④こちらの様子を書く：「私も元気でがんばっています。」

　　　　　　　　　　　「少しかぜをひきましたが、もうだいじょうぶです。」など

⑤本文：　　　　　　　「さて」「ところで」など

　　　　　　　　　　　「さて」「ところで」などで始めて、おしらせ(news)、質問(question)、
　　　　　　　　　　　おねがい(request)、おれい(thanks)、おわび(apology)、
　　　　　　　　　　　しょうたい(invitation)などを書く。

⑥終わりのあいさつ：　「返事を待っています。」
　　　　　　　　　　　へんじ
　　　　　　　　　　　「では、お体を大切にしてください。」

　　　　　　　　　　　「お目にかかるのを楽しみにしています。」

　　　　　　　　　　　「さようなら」など

⑦手紙を終わることば：「敬具」「草々」「かしこ」など
　　　　　　　　　　　けいぐ　そうそう

「前略」で始めるときは、②③④を省略できる。
　ぜんりゃく　　　　　　　　しょうりゃく

復習
ふく しゅう
Review Lesson 21-25

N： 政治　経済　歴史　(教)育　(体)育　(文)化

化(学)　(物)理　科(学)　数(学)　医(学)

問題　宿題　色　映画　写真　音楽

料理　(番)組　洋式　和式　(生)活

A： 白い　黒い　赤い

V： 起きる　寝る　遊ぶ　立つ　座る　使う

始まる　終わる　貸す　借りる　返す

送る　答える　思う

VN： 練習する　勉強する　研究する　留(学)する

質問する　結婚する　離婚する　予定する

(出)席する　欠席する　　　　　　　　(60字)

語構成 2 (Word Structure 2)
ご こうせい

Ⅰ. つぎのことばを意味のある単位 (meaningful units) に分けなさい。
いみ   たんい

Ex. 図書館 → 図書 ／ 館
           books   building = library

1. 映 画 館   →
2. 写 真 屋   →
3. 高 校 生   →
4. 音 楽 家   →
5. 結 婚 式 場 →
6. 私 立 大 学 →
7. 政 治 学 部 →
8. 研 究 所 長 →
9. 新 婚 生 活 →
10. 新 経 済 問 題 →
11. 英 国 大 使 館 →
12. 教 育 問 題 研 究 会 →

Ⅱ. れいのように答えなさい。

Ex. 古新聞 = 古（ い ）新聞
有名大学 = 有名（ な ）大学
国立病院 = 国立（ の ）病院
練習問題 = 練習（ する ）問題
歴史研究 = 歴史（ の ）研究／歴史（ を ）研究(すること)
大学入学 = 大学（ に ）入学(すること)

1. 鉄 道 会 社 =
2. 工 場 見 学 =
3. 新 住 所   =

　4. 買物上手　＝

　5. 長電話　＝

　6. 電車通学　＝

　7. 予定時間　＝

　8. 10時開店　＝

　9. 勉強部屋　＝

10. 米国留学　＝

11. 白黒写真　＝

12. 大問題　＝

Ⅲ. つぎの漢字を動詞 (verbs) として使うとき、「～が」をとるか、「～を」をとるか、そのほかの助詞 (particles) をとるか、考えてみましょう。
　下の文の（　　）にその動詞をてきとうな形 (form) にして、入れなさい。

> 送　返　起　座　育　寝　習　思　借　終
> 始　立　貸　治　数　答　離　欠　定　結

Ex. 若い研究者を（　育てる　）のはたいへんだ。

1. 子どもが家の前に（　　　　　）いた。

2. バスの中では、いつも出口の近くの席に（　　　　　）。

3. 毎日、夜11時に（　　　　　）、朝6時に（　　　　　）。

4. クッキーのはこに赤いリボンを（　　　　　）、友だちにプレゼントした。

5. この国は、一年中暖かいので、木や草がよく（　　　　　）。

6. 漢字をたくさん（　　　　　）のに、もうわすれてしまった。

7. かぞくと（　　　　　）生活するのは、さびしいと（　　　　　）。

8. あたまが痛かったが、薬を飲んだので、すぐに（　　　　　）だろう。

9. さいふをわすれてきたので、バス代を（　　　　　）くれませんか。

10. 図書館で（　　　　　）本を２週間後に（　　　　　）。

11. 田中先生のお話は、１時に（　　　　　）予定です。

12. 話が（　　　　　）後で、先生は学生の質問に（　　　　　）。

13. クラスに学生が何人いるか、（　　　　　）ください。

14. 友だちがパーティーでとった写真を（　　　　　）くれました。

Ⅳ. （　　　）に反対の (opposite) ことばを入れなさい。
はんたい

Ex.　上 ⟷ （　下　）

1. 立つ	⟷ （　　　）		11. 貸す	⟷ （　　　　）
2. 起きる	⟷ （　　　）		12. 出る	⟷ （　　　　）
3. 始まる	⟷ （　　　）		13. 父	⟷ （　　　　）
4. 出席	⟷ （　　　）		14. 兄	⟷ （　　　　）
5. 結婚	⟷ （　　　）		15. 妹	⟷ （　　　　）
6. 和式	⟷ （　　　）		16. 黒	⟷ （　　　　）
7. 地上	⟷ （　　　）		17. 右	⟷ （　　　　）
8. 私立	⟷ （　　　）		18. 東	⟷ （　　　　）
9. 国内	⟷ （　　　）		19. 北	⟷ （　　　　）
10. 病気	⟷ （　　　）		20. 晴れ	⟷ （　　　　）

第 26 課
だい か

ユニット1 .... 漢字の話

❋ 日本の四季（The Four Seasons in Japan）

There are four seasons in Japan: spring, summer, autumn and winter.

Memorize these kanji with the corresponding adjectives.

暖かい

春
はる

暑い

夏
なつ

涼しい

秋
あき

寒い

冬
ふゆ

ユニット2 ‥‥‥‥‥‥‥‥‥‥‥‥‥‥‥‥‥‥ 第 26 課の基本漢字

2-1 漢字の書き方 ‥‥‥‥‥‥‥‥‥‥‥‥‥‥‥‥‥‥‥‥‥‥

漢字	いみ	くんよみ	オンヨミ	（画数）

288 春　spring　　はる　　シュン　（9）

一 二 三 声 夫 表 春 春 春

春（はる）spring　　　春分（しゅん・ぶん）の日（ひ）the vernal equinox
春休（はる・やす）み spring vacation　　青春（せい・しゅん）youth

289 夏　summer　　なつ　　カ　（10）

一 丆 丆 百 百 百 百 頁 夏 夏

夏（なつ）summer　　　冷夏（れい・か）cool summer
夏休（なつ・やす）み summer vacation　　真夏（ま・なつ）midsummer

290 秋　autumn　　あき　　シュウ　（9）

丿 二 千 禾 禾 禾 秋 秋 秋

秋（あき）autumn　　　晩秋（ばん・しゅう）late autumn
秋分（しゅう・ぶん）の日（ひ）the autumnal equinox

漢字		いみ		くんよみ			オンヨミ	（画数）

291 冬 winter　　ふゆ　　トウ　　(5)

| ノ | ク | 夂 | 冬 | 冬 | | | | | | | | |

冬（ふゆ）winter　　　　　暖冬（だん・とう）mild winter

冬休（ふゆ・やす）み winter vacation

292 暑 hot (for weather)　　あつ-い　　ショ　　(12)

| 丶 | 冂 | 日 | 旦 | 旦 | 早 | 早 | 昇 | 早 | 暑 | 暑 | 暑 |

暑（あつ）い hot　　　　暑中見舞（しょ・ちゅう・み・ま）い summer greeting (card)

暑（あつ）さ heat

293 熱 hot (for objects) heat　　あつ-い　　ネツ／ネッ-　　(15)

| 一 | 十 | 土 | 产 | 夫 | 圥 | 幸 | 坴 | 刲 | 執 | 執 | 熱 | 熱 |
| 熱 | | | | | | | | | | | | |

熱（あつ）い hot　　　　　　熱（ねつ）fever, heat

熱心（ねっ・しん）な eager　　　　熱中（ねっ・ちゅう）する to be enthusiastic

294 寒 cold (for weather)　　さむ-い　　カン　　(12)

| 丶 | 丷 | 宀 | 宀 | 宁 | 审 | 审 | 実 | 寒 | 寒 | 寒 | |

寒（さむ）い cold　　　　　寒冷前線（かん・れい・ぜん・せん）cold front

寒（さむ）さ cold, chill　　　　寒波（かん・ぱ）cold wave (weather)

漢字	いみ	くんよみ	オンヨミ	（画数）

295 冷

cold (for objects) cool

ひ-える　つめ-たい
ひ-やす

レイ

（7）

丶　冫　ソ　冸　冷　冷　冷

冷（つめ）たい cold, cool

冷（ひ）やす to cool, to chill

冷房（れい・ぼう）air conditioning

冷蔵庫（れい・ぞう・こ）refrigerator

296 暖

warm (for weather)

あたた-かい

ダン

（13）

丨　冂　日　日　日ˊ　日ˊ　日˝　日˝　昭　昭　暖　暖

暖（あたた）かい warm

暖房（だん・ぼう）heating

温暖（おん・だん）な warm, mild

暖冬（だん・とう）mild winter

297 温

warm (for objects)

あたた-まる　あたた-かい
あたた-める

オン

（12）

丶　冫　氵　氵　汩　汩　汩　汩　渭　渭　温　温

温（あたた）かい warm

温度（おん・ど）temperature

体温計（たい・おん・けい）(clinical) thermometer

温泉（おん・せん）hot spring

298 涼

cool

すず-しい

リョウ

（11）

丶　冫　氵　氵　氵　涼　涼　涼　涼　涼　涼

涼（すず）しい cool

涼（すず）む to cool oneself

涼風（りょう・ふう）cool breeze

漢字	いみ	くんよみ	オンヨミ	（画数）

299

| 天 | weather | （あめ）
（あま-） | テン | （4） |

一 二 チ 天

天（あま）の川（がわ） the Milky Way　　　天国（てん・ごく） heaven, paradise

天気（てん・き） the weather　　　雨天（う・てん） rainy weather

2-2　読み練習

Ⅰ．つぎの漢字の読み方をひらがなで書きなさい。

1. 暖かい春の日　　2. 寒い冬の日　　3. 暑い夏の日

4. 涼しい部屋　　5. 熱いふろ　　6. 冷たい水

7. 温かいスープ　　8. 天気がいい　　9. 熱がある

Ⅱ．つぎの文を読んでみましょう。

1. 暑いから、冷たい飲み物がほしい。

2. きょうはいい天気で暖かいが、きのうは寒かった。

3. 夏は海や山など涼しい所へ行きたい。

4. 春分の日と秋分の日は休みだ。

5. この図書館には冷房も暖房もある。
　　　　　　　　　ぼう　　ぼう

6. 春、夏、秋、冬の中で、いつが一番好きですか。

7. 熱がありますね。体温計で計ってください。 to take one's temperature

8. 日本人は夏の暑いとき、暑中見舞いのはがきを書く。
   _ま
   to write a summer greeting card

2-3 書き練習

I. つぎの□に適当な漢字を書きなさい。

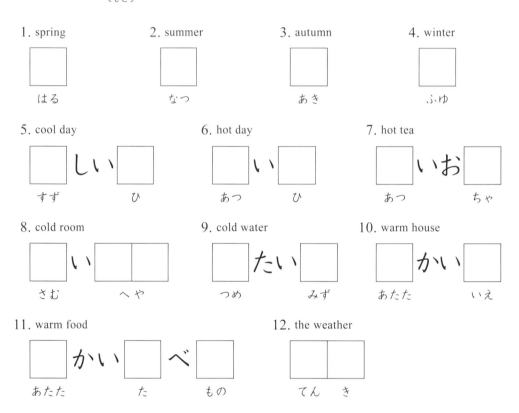

1. spring
□
はる

2. summer
□
なつ

3. autumn
□
あき

4. winter
□
ふゆ

5. cool day
□しい□
すず　　ひ

6. hot day
□い□
あつ　　ひ

7. hot tea
□いお□
あつ　　　ちゃ

8. cold room
□い□□
さむ　へや

9. cold water
□たい□
つめ　　みず

10. warm house
□かい□
あたた　　いえ

11. warm food
□かい□べ□
あたた　た　もの

12. the weather
□□
てん　き

II. ことばの意味をかんがえて、適当な漢字を書いてみましょう。

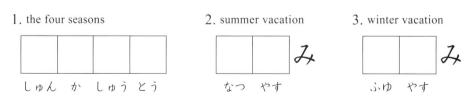

1. the four seasons
□□□□
しゅん　か　しゅう　とう

2. summer vacation
□□み
なつ　やす

3. winter vacation
□□み
ふゆ　やす

4. the vernal equinox

□□
しゅん　ぶん

5. the autumnal equinox

□□
しゅう　ぶん

6. the Milky Way

□ の □
あま　　　　がわ

7. air conditioning and heating

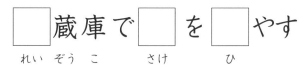

□房と□房
れい　ぼう　　だん　ぼう

8. to raise the temperature

□□を□げる
おん　ど　　　あ

9. to cool 'sake' in the refrigerator

□蔵庫で□を□やす
れい　ぞう　こ　　さけ　　ひ

Ⅲ. つぎの文を習った漢字を使って書きましょう。

1. このこは、はるにうまれたので、「はるこ」というなまえをつけました。

2. あついときには、あついものをのんだほうがいい。

3. あきこさんは、ねつがあって、へやでねています。

4. ことしのふゆはだんとうで、ゆきがすくない。

5. あしたはいいてんきで、あさのうちはさむいが、ひるごろから

あたたかくなるそうです。

ユニット3 ・・・・・・・・・・・・・・・・・・・・・・・・・・・・・・・・・・ 読み物

＜四季＞

[問題] つぎの文を読んで、下の表（chart）に書き入れてください。

	春	夏	秋	冬
月 months				
行事 events		海や山へ行く		正月

　日本には季節が四つあり、これを「四季」という。三月、四月、五月は春である。暖かく、花がきれいな季節で、多くの人が花見に出かける。それから夏が来るが、六月にはよく雨が降る。七月、八月はとても暑い。海や山など涼しい所へ行く人が多い。九月になると、涼しくなり、秋である。月がきれいな季節で、いい天気の時は月見ができる。「読書の秋」、「スポーツの秋」などといい、あちこちの学校ではスポーツ大会が行われる。秋が終わって、十二月ごろから冬が来る。北の地方では雪がたくさん降る。正月から二月ごろが一番寒い。

＊季節　season
　〜という　to be called 〜
　暖かく、＝暖かくて、
　〜や〜など　〜and 〜and so on
　あちこち　here and there
　行われる　to be held
　正月　the first day of the New Year

四季　the four seasons
〜である＝〜だ／です　is 〜
花見　flower viewing
月見　moon viewing
大会　tournament, meeting
地方　region

知っていますか できますか

＜年賀状と暑中見舞い (Greeting Cards) ＞

日本人は、正月に年賀状 (New Year's greeting card)、夏の暑い時に暑中見舞い (summer greeting card) のはがきを書いて、友人やお世話になった人に出します。

年賀状

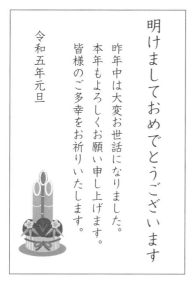

令和五年元旦

昨年中は大変お世話になりました。
本年もよろしくお願い申し上げます。
皆様のご多幸をお祈りいたします。

明けましておめでとうございます

暑中見舞い

二〇二三年夏

お元気でご活躍のことと思います。
おかげ様で私も元気でやっております。
暑さのおり、どうぞご自愛下さい。

暑中お見舞い申し上げます

＊明けましておめでとうございます。

    A Happy New Year

    cf. 新年おめでとうございます、謹賀新年、

    賀正 etc.

昨年中　during the last year

お世話になりました　Thank you for your assistance.

お願い申し上げます　polite form of お願いします

皆様　polite form of 皆さん（all of you）

ご多幸　great happiness

お祈りいたします　I wish, I pray

令和　the Reiwa era (2019 ～)

元旦　New Year's Day, the 1st of January

ご活躍のこと　to be active

おかげ様で

    by everyone's favor, thanks to you

おり＝時　time, when

ご自愛下さい

    Please take care of yourself.

十二支 (Twelve Animals Used as Names of Year)
じゅう に し

1. 子 (ね)	=	ねずみ	rat	1972	1984	1996	2008	2020
2. 丑 (うし)	=	牛	ox	1973	1985	1997	2009	2021
3. 寅 (とら)	=	虎	tiger	1974	1986	1998	2010	2022
4. 卯 (う)	=	うさぎ	rabbit	1975	1987	1999	2011	2023
5. 辰 (たつ)	=	竜	dragon	1976	1988	2000	2012	2024
6. 巳 (み)	=	へび	snake	1977	1989	2001	2013	2025
7. 午 (うま)	=	馬	horse	1978	1990	2002	2014	2026
8. 未 (ひつじ)	=	羊	sheep	1979	1991	2003	2015	2027
9. 申 (さる)	=	猿	monkey	1980	1992	2004	2016	2028
10. 酉 (とり)	=	鳥	rooster	1981	1993	2005	2017	2029
11. 戌 (いぬ)	=	犬	dog	1982	1994	2006	2018	2030
12. 亥 (い)	=	いのしし	boar	1983	1995	2007	2019	2031

［質問］

1. 今年は何年ですか。
　　　　　なにどし

2. 来年は何年ですか。
　　　　　なにどし

3. あなたは何年生まれですか。
　　　　　なにどし う

＊「何年ですか」は「何歳ですか」のかわりにも使います。
　　なにどし　　　　　　なにさい

第 27 課
だい　　か

ユニット1 ・・・・・・・・・・・・・・・・・・・・・・・・・・・・・・・・・・ 漢字の話

接辞の漢字 -2- 仕事 （Prefixes and Suffixes -2- Occupations）
せつじ　　　　　しごと

For expressing one's occupation the following suffixes are used.

-者（しゃ）　　医者＝医（い, medicine）＋者　　doctor

　　　　　　　　記者＝記（き, record）＋者　　reporter

　　　　　　　　学者＝学（がく, study）＋者　　scholar

　　　　　　　　研究者＝研究（けんきゅう, research）＋者　　researcher

　　　　　　　　教育者＝教育（きょういく, education）＋者　　educator

-手（しゅ）　　歌手＝歌（か, song）＋手　　singer

　　　　　　　　投手＝投（とう, throw）＋手　　pitcher

　　　　　　　　選手＝選（せん, select）＋手　　player

　　　　　　　　運転手＝運転（うんてん, drive）＋手　　driver

-員（いん）　　議員＝議（ぎ, conference）＋員　　member of an assembly

　　　　　　　　駅員＝駅（えき, station）＋員　　station employee

　　　　　　　　店員＝店（てん, shop）＋員　　salesperson

　　　　　　　　船員＝船（せん, ship）＋員　　sailer

　　　　　　　　会社員＝会社（かいしゃ, company）＋員　　company employee

　　　　　　　　銀行員＝銀行（ぎんこう, bank）＋員　　bank clerk

　　　　　　　　図書館員＝図書館（としょかん, library）＋員　　librarian

-家（か）　　画家＝画（が, painting）＋家　　painter

小説家＝小説（しょうせつ, novel）＋家　　novelist

政治家＝政治（せいじ, politics）＋家　　politician

音楽家＝音楽（おんがく, music）＋家　　musician

写真家＝写真（しゃしん, photo）＋家　　photographer

-屋（や）　shop, shop keeper

本屋＝本（ほん, book）＋屋　　book store

米屋＝米（こめ, rice）＋屋　　rice store

花屋＝花（はな, flower）＋屋　　flower shop

肉屋＝肉（にく, meat）＋屋　　butcher

魚屋＝魚（さかな, fish）＋屋　　fish shop

酒屋＝酒（さけ, liquor）＋屋　　liquor shop
さかや
薬屋＝薬（くすり, medicine）＋屋　　drugstore

写真屋＝写真（しゃしん, photo）＋屋　　photo shop

-業（ぎょう）　business

工業＝工（こう, craft）＋業　　industry

商業＝商（しょう, trade）＋業　　commerce

農業＝農（のう, farming）＋業　　agriculture

林業＝林（りん, wood）＋業　　forestry

漁業＝漁（ぎょ, fishing）＋業　　fishery

観光業＝観光（かんこう, tourism）＋業　　tourist industry

サービス業＝サービス（service）＋業　　service industry

ユニット2 ・・・・・・・・・・・・・・・・・・・・・ 第 27 課の基本漢字

2-1 漢字の書き方 ・・・

漢字	いみ	くんよみ	オンヨミ	（画数）

300

仕 serve / do ・ シ （5）

ノ イ 仁 什 仕

仕事（し・ごと）job, work　　　仕上（し・あ）げる to complete
仕方（し・かた）how to do, way of doing

301

事 thing / matter　こと　ジ （8）

一 一 一 一 亘 写 写 事

物事（もの・ごと）things, matters　　　食事（しょく・じ）meal
事故（じ・こ）accident　　　用事（よう・じ）business, errand

302

者 person　もの　シャ （8）

一 十 土 少 耂 者 者 者

者（もの）person　　　科学者（か・がく・しゃ）scientist
医者（い・しゃ）doctor　　　学者（がく・しゃ）scholar

漢字	いみ	くんよみ	オンヨミ	（画数）

303 運

carry
fortune

はこ-ぶ　　　　　　　ウン

（12）

| 一 | 冖 | 冖 | 冖 | 冒 | 冒 | 宣 | 宣 | 軍 | 軍 | 運 | 運 | | |

運（はこ）ぶ　to carry, to transport　　　運（うん）　luck, fortune

運動（うん・どう）exercise, movement　　運送（うん・そう）transport

304 転

turn

ころ-ぶ　　　　　　　テン

（11）

| 一 | 二 | 亏 | 亏 | 亘 | 亘 | 車 | 車 | 転 | 転 | 転 | | | |

転（ころ）ぶ　to fall down　　　運転（うん・てん）する　to drive

自転車（じ・てん・しゃ）bicycle　　回転（かい・てん）する　to turn

305 選

choose
elect

えら-ぶ　　　　　　　セン

（15）

| コ | コ | 己 | 弖 | 弖 | 記 | 巴 | 弾 | 器 | 器 | 巽 | 巽 | 選 |
| 選 | | | | | | | | | | | | |

選（えら）ぶ　to select, to choose　　　選挙（せん・きょ）election

選手（せん・しゅ）player

306 記

write down

　　　　　　　　　　キ

（10）

| ` | 二 | 三 | 言 | 言 | 言 | 言 | 記 | 記 | 記 | | | | |

記事（き・じ）article　　　　記入（き・にゅう）する　to write down, to fill in

日記（にっ・き）diary　　　　記者（き・しゃ）reporter

漢字	いみ	くんよみ	オンヨミ	（画数）

307 議　discuss　　ギ　（20）

会議（かい・ぎ）meeting, conference　　議会（ぎ・かい）assembly
議長（ぎ・ちょう）chairperson　　議論（ぎ・ろん）する to discuss

308 員　member　　イン　（10）

会員（かい・いん）member (of an association)　　店員（てん・いん）salesperson
定員（てい・いん）capacity, quota

309 商　commerce trade　　ショウ　（11）

商店（しょう・てん）store　　商売（しょう・ばい）business
商品（しょう・ひん）goods, products　　商社（しょう・しゃ）trading company

310 業　job business　　ギョウ　（13）

工業（こう・ぎょう）industry　　商業（しょう・ぎょう）commerce
産業（さん・ぎょう）industry　　授業（じゅ・ぎょう）class, lesson

漢字		いみ			くんよみ				オンヨミ		（画数）
311 農		farming agriculture							ノウ		（13）

一	口	中	曲	曲	曲	曲	严	严	严	農	農	農

農村 (のう・そん) farming village　　　　農家 (のう・か) farm household

農民 (のう・みん) farmer　　　　　　　　農業 (のう・ぎょう) agriculture

2-2 読み練習

Ⅰ. つぎの漢字の読み方をひらがなで書きなさい。

　1. 父の仕事　　2. 科学者　　3. 運転手　　4. 運動する

　5. テニスの選手　　6. 新聞記者　　7. 国会議員　　8. 工業

　9. 商業　　10. 農業　　11. 会議　　12. 会社員

Ⅱ. つぎの文を読んでみましょう。

　1. きのうの晩、春子さんは外で食事をしました。

　2. この荷物を自転車で運んでください。
　　　　　　　　じ

　3. 秋子さんは医者の仕事を選びました。

　4. この新聞記事はおもしろいです。

　5. あの店員は店の商品についてよく知っています。
　　　　　　　　　　　ひん　　　　　　　し

　6. 日本はむかし農業国でしたが、今は工業国になりました。

7. 農家の仕事は朝早くから忙しいです。

8. 私は毎晩寝る前に日記を書いている。

2-3 書き練習

I. つぎの□に適当な漢字を書きなさい。
てきとう

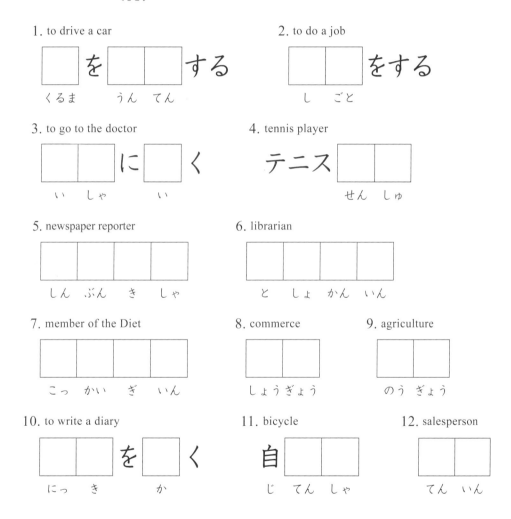

1. to drive a car
□ を □□ する
くるま　うん　てん

2. to do a job
□□ をする
し　ごと

3. to go to the doctor
□□ に □く
い　しゃ　い

4. tennis player
テニス □□
せん　しゅ

5. newspaper reporter
□□□□
しん　ぶん　き　しゃ

6. librarian
□□□□
と　しょ　かん　いん

7. member of the Diet
□□□□
こっ　かい　ぎ　いん

8. commerce
□□
しょうぎょう

9. agriculture
□□
のう　ぎょう

10. to write a diary
□□ を □く
にっ　き　か

11. bicycle
自□□
じ　てん　しゃ

12. salesperson
□□
てん　いん

Ⅱ. ことばの意味をかんがえて、適当な漢字を書いてみましょう。
いみ てきとう

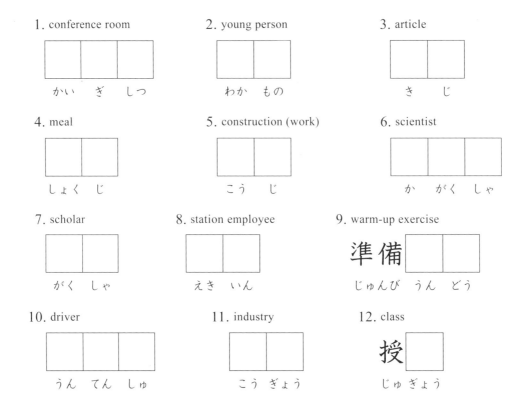

1. conference room

かい ぎ しつ

2. young person

わか もの

3. article

き じ

4. meal

しょく じ

5. construction (work)

こう じ

6. scientist

か がく しゃ

7. scholar

がく しゃ

8. station employee

えき いん

9. warm-up exercise

準備

じゅんび うん どう

10. driver

うん てん しゅ

11. industry

こう ぎょう

12. class

授

じゅ ぎょう

Ⅲ. つぎの文を習った漢字を使って書きましょう。

1. あしたのかいぎでぎちょうがえらばれます。

2. しんぶんにそのせんしゅについてのきじがある。

3. このみちはこうじちゅうでとおれません。

4. のうぎょうはわたしたちのせいかつにとって、いちばんたいせつな

ものだとおもう。

5. すきなことをするために、きまったしごとをもたないで、アルバイトで

せいかつしているひともいます。

ユニット3 ・・・・・・・・・・・・・・・・・・・・・・・・・・・ 読み物

＜仕事は何ですか＞

[問題] 下の文を読んで、その人の仕事を〜〜〜〜の中から読んでください。

駅員　医者　科学者　新聞記者　音楽家

政治家　写真屋　図書館員　運転手　歌手

1. 私はおもしろいニュースをさがして、いつも走り回っています。外国の
ニュースを速く手に入れることも大切ですから、朝早くから夜遅くまで
電話やインターネット、電子メールなどを使っています。（　　　　）

2. 私の仕事は、学校に入学する人や結婚する人などにいい思い出を作って
あげることです。パスポートの写真をとることもあります。

（　　　　）

3. 私は毎日バスに乗っています。むかしは車掌（conductor）といっしょに
仕事をしましたが、今は1人ですから、とても疲れます。

（　　　　）

4. 私の仕事は、ホームに入ってくる電車のアナウンスをしたり、電車に
合図（signal）を送ったりすることです。　　　　（　　　　）

5. 病気の人を治したり、気分がわるい人に薬をあげたりするのが私の仕事
です。大きい病院では働く時間がきまっていますが、小さい医院では
病人がいれば、夜中でも見に行かなければなりませんから、たいへんな
仕事です。　　　　　　　　　　　　　　　　　　（　　　　）

6. 私はたくさんの本の中で仕事をしています。町の人たちに本を貸したり、
返してもらったり、古くなった本をなおしたりします。読書が大好きで、
家へ帰ってからも、よく本を読みます。　　　　　（　　　　）

＜いろいろな仕事 (Various Occupations) ＞

第28課
だい　か

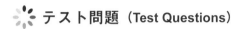

ユニット1 ……………………………………………… 漢字の話

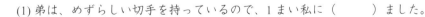

テスト問題（Test Questions）

良い（よい, good）←→ 悪い（わるい, bad）

正しい（ただしい, correct）←→ 間違っている（まちがっている, to be wrong）

同じ（おなじ, same）←→ 違う（ちがう, to differ）

適当な（てきとうな, suitable）←→ 不適当な（ふてきとうな, unsuitable）

難しい（むずかしい, difficult）←→ やさしい（easy）

次の（つぎの, following）

日本語テスト

合計点

名前 ＿＿＿＿＿＿＿＿

Ⅰ　＿＿＿＿＿の意味として、もっとも適当なものを選びなさい。

(1) この本は、やさしい。　（1. kind　　2. easy　　3. gentle）

Ⅱ　次の文を読んで正しいものに○、間違っているものに×をつけなさい。

(1)（　　　）山が見れる。

(2)（　　　）山が見える。

(3)（　　　）山が見られる。

Ⅲ　下の語の中から、正しいものをひとつ選び、適当な形にして（　　　）の
中に入れなさい。

> やる・あげる・くれる・くださる・もらう・いただく・さしあげる

(1) 弟は、めずらしい切手を持っているので、1まい私に（　　　）ました。

Ⅳ　（　　　）の中に入る適当なことばを次の中から選んで書きなさい。

> ぐらい　　ほど　　より

(1) あたまが痛くなる（　　　）難しかった。

(2) 心配していた（　　　）結果は良かった。

Ⅴ　会話を聞いて次の質問に答えなさい。

(1) スミスさんは、よく音楽会に行きますか。

ユニット2　.............................. 第28課の基本漢字

2-1 漢字の書き方

漢字	意味	くんよみ	オンヨミ	（画数）

312 良　good｜よ-い　リョウ　（7）

丶　ウ　ヨ　彐　自　良　良

良 (よ) い　good　　　　最良 (さい・りょう)　the best
良心 (りょう・しん)　conscience　　　良好 (りょう・こう) な　good

313 悪　bad｜わる-い　アク　（11）

一　丆　亓　亜　亜　亜　悪　悪　悪　悪

悪 (わる) い　bad　　　　悪化 (あっ・か) する　to deteriorate
悪口 (わる・くち)　speaking ill of　　　悪性 (あく・せい) の　malignant

314 点　point score｜テン　（9）

丨　卜　┠　占　占　点　点　点　点

点 (てん)　point　　　　点数 (てん・すう)　points, score
欠点 (けっ・てん)　fault, shortcoming　　　終点 (しゅう・てん)　the last station/stop

漢字	意味	くんよみ	オンヨミ	（画数）

315 正　right correct　ただ-しい　セイ／ショウ　(5)

一 丁 下 正 正

正(ただ)しい　right, correct　　正答(せい・とう)　the correct answer
正月(しょう・がつ)　the New Year　　正直(しょう・じき)な　honest

316 違　differ violate　ちが-う　イ　(13)

ⁱ 冂 ㄓ 兯 吾 吾 咅 咠 萱 韋 違 違

違(ちが)う　to be different　　違(ちが)い　difference
間違(ま・ちが)い　mistake　　違反(い・はん)　violation

317 同　same　おな-じ　ドウ　(6)

丨 冂 冃 同 同 同

同(おな)じ　same　　同情(どう・じょう)する　to sympathize
同時(どう・じ)に　at the same time　　同意(どう・い)する　to agree

318 適　suitable　テキ　(14)

亠 产 产 产 产 商 商 商 商 商 滴 滴 適

適(てき)した　suitable　　適応(てき・おう)する　to adapt
適当(てき・とう)な　suitable　　適切(てき・せつ)な　appropriate

漢字	意味	くんよみ	オンヨミ	（画数）

319 当
hit
right

あ-たる
あ-てる

トウ

（6）

⎥	⅛	⅛	当	当	当						

当（あ）たる to hit 　　　　　　本当（ほん・とう） truth

手当（て・あ）て (medical) treatment 　　当番（とう・ばん） duty, turn

320 難
difficult

むずか-しい

ナン

（18）

一	十	艹	艹	芦	芑	苣	苣	莫	莫	菓	茣	藓	嶯
難	難	難	難										

難（むずか）しい difficult 　　　　住宅難（じゅう・たく・なん） housing shortage

難問（なん・もん） difficult problem 　　困難（こん・なん）な difficult

321 次
next

つ-ぐ
つぎ

ジ

（6）

⎧	⌐	⌐	次	次	次						

次（つ）ぐ to be next to 　　　　目次（もく・じ） table of contents

次（つぎ） next 　　　　　　　　次回（じ・かい） next time

322 形
shape
form

かたち

ケイ
ギョウ

（7）

一	二	于	开	开	形	形					

形（かたち） shape 　　　　　　　人形（にん・ぎょう） doll

形式（けい・しき） form 　　　　　活用形（かつ・よう・けい） conjugation

漢字	意味	くんよみ	オンヨミ	（画数）
323 味	taste	あじ あじ-わう	ミ	（8）

｜ 口 口 口一 口二 呀 味 味

味（あじ）taste   意味（い・み）meaning

味（あじ）わう to taste   趣味（しゅ・み）hobby

2-2 読み練習

Ⅰ. 次の漢字の読み方をひらがなで書きなさい。

1. 良い   2. 悪い   3. 正しい   4. 難しい   5. 適当な

6. 同じ   7. 違う   8. 点   9. 形   10. 次   11. 味

12. 目次   13. 形式

Ⅱ. 次の文を読んでみましょう。

1. 彼女の趣味は人形を作ることです。
　　　　しゅ

2. 次のことばの意味としてもっとも適当なものを選びなさい。
　　　　　　　　い

3. 次の文を読んで正しいものに◯を、間違っているものに✕を
　　　　　　　　　　まる　　　　　　　　　　　　　　　　　ばつ

　つけなさい。

4. 大都市で一番大きい問題は、住宅難です。

5. テストで悪い点をとって、本当に残念だった。

次回はがんばろうと思う。

6. 人間には良い点があると同時に欠点もある。

7. 正月に初めて神社に行くことを「初詣」という。

2-3 書き練習

I. 次の□に適当な漢字を書きなさい。

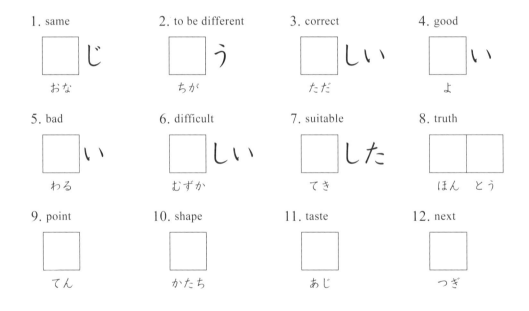

1. same	2. to be different	3. correct	4. good
□じ おな	□う ちが	□しい ただ	□い よ

5. bad	6. difficult	7. suitable	8. truth
□い わる	□しい むずか	□した てき	□□ ほん とう

9. point	10. shape	11. taste	12. next
□ てん	□ かたち	□ あじ	□ つぎ

II. ことばの意味をかんがえて、適当な漢字を書いてみましょう。

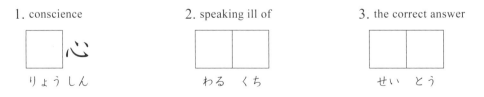

1. conscience	2. speaking ill of	3. the correct answer
□心 りょうしん	□□ わる くち	□□ せい とう

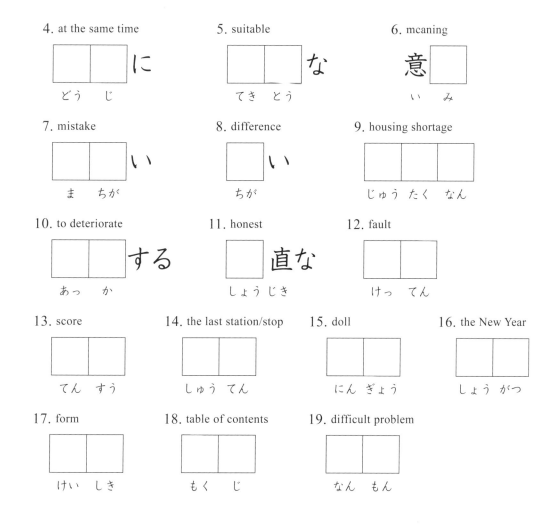

4. at the same time

□□に
どう　じ

5. suitable

□□な
てき　とう

6. meaning

意□
い　み

7. mistake

□□い
ま　ちが

8. difference

□い
ちが

9. housing shortage

□□□
じゅう　たく　なん

10. to deteriorate

□□する
あっ　か

11. honest

□直な
しょうじき

12. fault

□□
けっ　てん

13. score

□□
てん　すう

14. the last station/stop

□□
しゅう　てん

15. doll

□□
にん　ぎょう

16. the New Year

□□
しょう　がつ

17. form

□□
けい　しき

18. table of contents

□□
もく　じ

19. difficult problem

□□
なん　もん

Ⅲ．次の文を習った漢字を使って書きましょう。

1. このでんしゃのしゅうてんは、とうきょうえきです。

2. つぎのぶんとおなじいみのぶんをえらびなさい。

3. このてんすうは、まちがっている。

4. このケーキは、かたちはわるいが、あじはいい。

5. けががあっかしないように、いしゃにいって、てあてをしてもらった。

6. ひとのわるくちをいうのは、よくありません。

ユニット3 ・・・・・・・・・・・・・・・・・・・・・・・・・・・・・・・・・ **読み物**

＜テスト＞

　ぼくは大学でテストをうけている。

　となりの真理子さんは赤いセーターがよくにあっている。テストは全部で3問ある。

　難しい問題ではなかった。この前は悪かったので、今度は良い点をとらなければならない。「よし、このテストは大丈夫だ。テストの後で真理子さんをスキーにさそおう。」ぼくは元気を出して問題を読んだ。

　「問題1. 次の言葉の意味で正しいものに○、間違っているものに×をつけなさい。」やさしい！　もうできた！

　「問題2. 次の文の下線の動詞を適当な形にしなさい。」

　スキーは楽しいだろうな。ぼくと真理子さんは白い雪の中で2人だけだ。

　よし、がんばるぞ。

　「問題3.」なんだ、これは！　これは全部コンピューターのプログラムじゃないか。次のページも、その次のページも。となりを見ると、真理子さんはいない。はっとして起きると、ぼくは会社のデスクにいた。

　外には白い雪が降っている。今日はクリスマスだ。

```
＊にあう  to suit        全部 all           大丈夫 all right
  言葉 word             下線 underline      動詞 verb
  がんばる to do one's best                 はっとする to be startled
```

［質問］

　1. この人の仕事は何ですか。

　2. どうしてこの人はこんなゆめを見ましたか。

　3. この人はどんな人だと思いますか。

＜原稿用紙 (Manuscript Paper) の使い方＞
げんこうようし

① 一番はじめの文は、１マスあけて書く。段落 (paragraph) のはじめの文も
だんらく
同じ。

② 小さい「っ」や「ゃ」「ゅ」「ょ」も１マスに入れて書く。よこ書きのと
きとたて書きのときの字の位置 (position) に注意。
いち　　　　　　　　　　　　ちゅうい

よこ書き

ち	ょ	う	ど	食	事	を	終	わ	っ	た	時	に	、	来

たて書き

ち	ょ	う	ど	食	事	を	終	わ	っ	た	時	に	、	来

③ 「、」や「。」、かぎかっこ（「　」）などの記号（『　』, ＜　＞, ・, ―, etc.）
も１マスに入れて書く。たてに書くときは、記号の向き (direction) に注意。
む

よこ書き

「	い	い	え	、	そ	う	で	は	あ	り	ま	せ	ん	。」

たて書き

「	い	い	え	、	そ	う	で	は	あ	り	ま	せ	ん	。」

④ 「、」や「。」は、行の先頭に書かない。前の行のマスの外に書く。

○良い例

朝	６	時	ご	ろ	起	き	て	、	公	園	へ	行	っ	た。
そ	し	て	、	ジ	ョ	ギ	ン	グ	を	し	て	か	ら	、

×悪い例

朝	６	時	ご	ろ	起	き	て	、	公	園	へ	行	っ	た
。	そ	し	て	、	ジ	ョ	ギ	ン	グ	を	し	て	か	ら

⑤ アルファベットの数字の書き方。

よこ書き

ガ	ン	ジ	ー	（	Ga	nd	hi	）	は	18	69	年	に	、

たて書き

ガ	ン	ジ	ー	（	Ga	nd	hi	）	一	八	六	九	年

第 29 課
だい　か

大学の入学試験（University Entrance Examinations）
にゅうがく し けん

書類（＝願書）を出す
しょるい　　がんしょ
⇩
受験票を受け取る
ひょう
⇩
試験を受ける
⇩
面接を受ける
⇩
結果──合格・・・・・・・・・・試験に受かる
　　　└不合格・・・・・・・・試験に落ちる

残念

国費	私費	その他

博 1

○○大学大学院受験票

受験番号	※

志望	研究科
	専 攻

氏名	

受 験 科 目		
外国語等	専門科目	関連科目
1		
		基 礎 科 目
2		
3		

写 真 貼 付
（5cm×6cm）

物理学研究科

月日	9月12日 （月）			9月13日 （火）		
科目	専門科目		関連科目	外国語	第1次試験 合格者発表	第2次試験 面 接
時間 専攻	10:00～12:00	13:00～15:00	15:30～17:00	10:00～11:00	12:00	13:00～15:00
物理学	物理学Ⅰ	物理学Ⅱ	数 学	英 語 {英文和訳 {和文英訳		

ユニット2 ・・・・・・・・・・・・・・・ 第29課の基本漢字

2-1 漢字の書き方 ・・・・・・・・・・・・・・・・・・・・

漢字	意味	くんよみ	オンヨミ	（画数）

324 試 — try — こころ-みる / ため-す — シ （13）

試（こころ）みる to try　　試合（し・あい）game
試（ため）す to try, to test　　試着室（し・ちゃく・しつ）dressing room

325 験 — examine / effect — ケン （18）

試験（し・けん）examination　　受験（じゅ・けん）する to take an exam
実験（じっ・けん）する to experiment　　経験（けい・けん）する to experience

326 面 — face / surface — （おも） — メン （9）

面（めん）surface　　〜方面（ほう・めん）in the direction of〜
面接（めん・せつ）する to interview　　面（めん）する to face

漢字	意味	くんよみ	オンヨミ	（画数）

327 接 | connect touch | （つ-ぐ） | セツ／セッ- | （11）

一　十　扌　扩　扩　扩　扩　护　护　接　接　接

接(つ)ぐ to connect　　　　直接(ちょく・せつ) direct

接(せっ)する to touch, to be next　　面接(めん・せつ) interview

328 説 | explain | | セツ／セッ- | （14）

` ＾ 二 言 言 言 言 言 訪 訪 訪 訪 説

説明(せつ・めい)する to explain　　　説教(せっ・きょう)する to lecture, to preach

小説(しょう・せつ) novel　　　　　　　伝説(でん・せつ) legend

329 果 | fruit result | | カ | （8）

一　口　日　日　旦　甲　甲　果

結果(けっ・か) result　　　　　　効果(こう・か) effect

＊果物(くだもの) fruit　　　　　　成果(せい・か) outcome

330 合 | fit suit | あ-う　あ-わす | ゴウ　ガッ | （6）

ノ　入　合　合　合　合

合(あ)う to fit, to suit　　　　　　合宿(がっ・しゅく) training camp

話(はな)し合(あ)う to discuss　　　合計(ごう・けい) total

漢字	意味	くんよみ	オンヨミ	（画数）

331 格 | status rank | | カク | （10）

一 十 オ オ 朴 杦 柊 柊 格 格

合格（ごう・かく）する to pass (an exam)　　性格（せい・かく）character

資格（し・かく）qualifications　　価格（か・かく）price

332 受 | receive | う-かる / う-ける | ジュ | （8）

一 ⺈ 爫 爫 爫 爫 受 受

受（う）ける to receive, to take (an exam)　　受験（じゅ・けん）する to take an exam

受付（うけ・つけ）reception desk　　受信（じゅ・しん）する to receive (email etc.)

333 落 | fall drop | お-ちる / お-とす | ラク／ラッ- | （12）

一 十 艹 艹 艹 芇 芠 莎 茭 落 落 落

落（お）ちる to fall, to fail　　落第（らく・だい）する to fail (an exam)

落（お）とす to drop　　落下（らっ・か）する to fall, to drop

334 残 | remain | のこ-る / のこ-す | ザン | （10）

一 ⺮ 万 歹 歹 歹 歹 残 残 残

残（のこ）る to remain　　残高（ざん・だか）balance

残（のこ）す to leave　　残業（ざん・ぎょう）overtime work

漢字	意味	くんよみ	オンヨミ	（画数）

335

念 thoughts — ネン (8)

ノ 人 今 今 念 念 念

記念（き・ねん）commemoration, memory 　念入（ねん・い）りな careful, conscientious

残念（ざん・ねん）な regrettable, unfortunate

2-2 読み練習

Ⅰ. 次の漢字の読み方をひらがなで書きなさい。

1. 経験　　2. 試験　　3. 面接する　　4. 説明する　　5. 結果

6. 試合　　7. 合格する＝試験に受かる

8. 受験する＝試験を受ける　　9. 試験に落ちる

10. 残念だ　　11. 残る　　12. 合う

Ⅱ. 次の文を読んでみましょう。

1. 化学の実験をして、その結果をレポートにまとめた。
じっ

2. 東京方面行きの電車は3番ホームから出る。

3. 友だちと今後の予定について話し合った。

4. 私は来年の2月に大学院の試験を受けます。

5. 弟は去年私立の高校に合格した。
きょ

6. 水曜日のバスケットボールの試合は、残念な結果に終わった。

7. 残りのお金は合計1万5千円になります。

8. 広島へ行った時の記念写真をどこかで落としてしまった。

2-3 書き練習 ‥‥‥‥‥‥‥‥‥‥‥‥‥‥‥‥‥

Ⅰ. 次の□に適当な漢字を書きなさい。

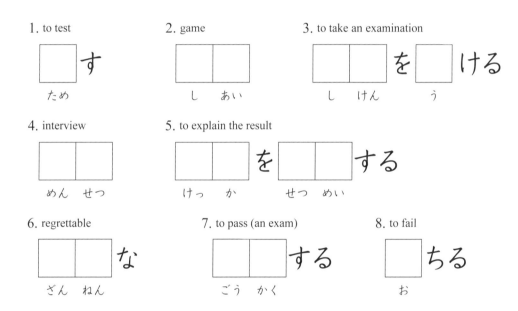

1. to test
　□す
　ため

2. game
　□□
　し　あい

3. to take an examination
　□□を□ける
　し　けん　　う

4. interview
　□□
　めん　せつ

5. to explain the result
　□□を□□する
　けっ　か　　せつ　めい

6. regrettable
　□□な
　ざん　ねん

7. to pass (an exam)
　□□する
　ごう　かく

8. to fail
　□ちる
　お

Ⅱ. ことばの意味をかんがえて、適当な漢字を書いてみましょう。
　　　　いみ

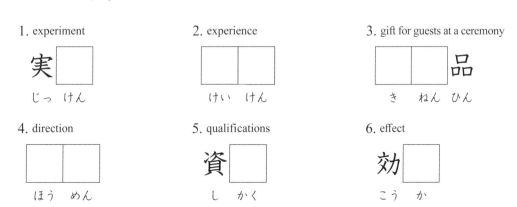

1. experiment
　実□
　じっ　けん

2. experience
　□□
　けい　けん

3. gift for guests at a ceremony
　□□品
　き　ねん　ひん

4. direction
　□□
　ほう　めん

5. qualifications
　資□
　し　かく

6. effect
　効□
　こう　か

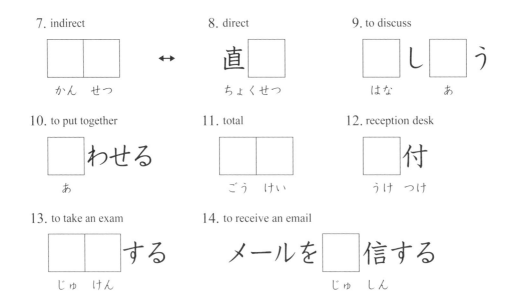

7. indirect

□□ ↔
かん せつ

8. direct

直□
ちょくせつ

9. to discuss

□し□う
はな　　あ

10. to put together

□わせる
あ

11. total

□□
ごう　けい

12. reception desk

□付
うけ　つけ

13. to take an exam

□□する
じゅ　けん

14. to receive an email

メールを□信する
じゅ　しん

Ⅲ. 次の文を習った漢字を使って書きましょう。

1. このしょうせつはほんとうにおもしろい。

2. わかいときに、がいこくでいろいろなけいけんをしたい。

3. にほんのかいしゃいんはよるおそくまでざんぎょうをするらしい。

4. スーツをかうまえに、しちゃくしつできてみました。

5. ゆうめいなかいしゃのめんせつしけんをうけたが、けっかは

　　ざんねんながらふごうかくだった。

ユニット3 ・・・・・・・・・・・・・・・・・・・・・・・・・・・・・・・・・ 読み物

＜受験すごろく (Game: Sitting for an Examination) ＞
じゅけん

　まず、下のチャートを大きくコピーして使ってください。学生は名前を書いたコマを作ります。そして、1人ずつ順番にさいころをふって、目の数だけコマをすすめます。止まったところの文を読んでください。文が読めなければ、3つもどって、そこの文を読んでください。「面接」のカードは先生が作っておきます。面接で漢字カードが読めなかったら、次の番のときにもう一度チャレンジしてください。3回だめだったら、不合格です。

＊コマ piece　　　　　　1人ずつ one by one　　　　順番 order　　　　さいころ dice
じゅんばん
　さいころをふる to throw a die/dice

「すごろく」は日本人の子どもがお正月によく遊ぶゲームです。みなさんも、漢字の「すごろく」を作ってみてください。

＜申込書 (Application Forms) の書き方＞
もうしこみしょ

フリガナ			性　別	生年月日
お名前		様	男・女	T・S・H・R ・・
フリガナ				
ご住所				
ご連絡先 ☎	自宅	（　　）	勤務先	（　　）

名前＝氏名
なまえ　　しめい

～様＝～殿
さま　　どの

性別 gender
せいべつ

住所
じゅうしょ

連絡先 contact information
れんらくさき

自宅 one's home
じたく

勤務先 place of employment
きんむさき

(08・11)　● 通勤定期券・IC カード（記名式）購入申込書 (太枠内をご記入ください。)				
新規 ・ 継続	通勤・グリーン・フレックス・山手線均一・ICカード(記名式) ※通学定期券申込の場合は黄色の用紙にご記入ください。	ICカード希望 する・しない	支払方法 ● 現金・クレジットカード	
カタカナで氏名をご記入ください。 　　　　様　才	男女	区　　間 （経由）	駅　　　　駅間 （経由　　　　　　　）	
生年月日　西暦　　　　年　　月　　日 電話番号　※拾得時の連絡をご希望の場合は電話番号をご記入ください。　—　—　—		使用開始及び 有効期間	年　月　日から1・3・6箇月	

通勤 commuting
つうきん

定期券 pass
ていきけん

記名式 registered to a single user's name
きめいしき

購入 purchase
こうにゅう

申込書 application form
もうしこみしょ

新規 new
しんき

継続 renewal
けいぞく

区間 section
くかん

経由 via
けいゆ

使用開始 starting date
しようかいし

及び and
およ

有効期間 period of validity
ゆうこうきかん

支払方法 payment method
しはらいほうほう

現金 cash
げんきん

第 30 課
だい　　　　か

部首 -5-（Radicals -5-）
ぶしゅ

[さんずい：水を意味する部首]
　　　　　　　　　い　み

2. 泳ぐ

5. 消す

3. 流れる

1. 深い

4. 洗う

[てへん：手を意味する部首]
　　　　　　　い　み

1.

指さす
指す

2.
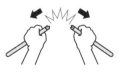
折る

3.
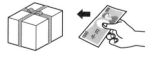
払う

4.
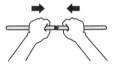
接ぐ

5.

投げる

6.
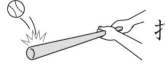
打つ

7.

持つ

8.
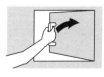
押す

ユニット2 ・・・・・・・・・・・・・・・・・・・・・・・・・・・ 第30課の基本漢字

2-1 漢字の書き方 ・・

漢字	意味	くんよみ	オンヨミ	（画数）
336 指	finger (or toe) point	ゆび さ-す	シ	（9）

一　十　才　扩　拃　指　指　指　指　指　指　指　指
指　指　指　指　指　指　指　指　指　指　指　指　指

指（ゆび）finger (or toe)　　　　親指（おや・ゆび）thumb

指（さ）す to point out, to point at/to　　指定席（し・てい・せき）reserved seat

337 折	fold break	お-る	セツ	（7）

一　十　才　扩　折　折　折　折　折　折　折　折　折
折　折　折　折　折　折　折　折　折　折　折　折　折

折（お）る to fold, to break　　　　右折（う・せつ）する to turn right

折（お）り紙（がみ）origami art　　左折（さ・せつ）する to turn left

338 払	pay	はら-う		（5）

一　十　才　払　払　払　払　払　払　払　払　払　払
払　払　払　払　払　払　払　払　払　払　払　払　払

払（はら）う to pay　　　　　前払（まえ・ばら）い advance payment

支払（し・はら）い payment

漢字	意味	くんよみ	オンヨミ	（画数）

339 投 — throw / な-げる / トウ （7）

投（な）げる to throw　　投書（とう・しょ）する to send a letter (to the editor)

投資（とう・し）する to invest　　投手（とう・しゅ）pitcher

340 打 — strike, hit / う-つ / ダ （5）

打（う）つ to hit　　打楽器（だ・がっ・き）percussion (instrument)

打（う）ち合（あ）わせ preliminary meeting　　打者（だ・しゃ）batter

341 深 — deep / ふか-まる　ふか-い　ふか-める / シン （11）

深（ふか）い deep　　水深（すい・しん）depth of water

深（ふか）まる to deepen　　深夜（しん・や）the middle of the night

342 洗 — wash / あら-う / セン （9）

洗（あら）う to wash　　洗剤（せん・ざい）detergent

洗面所（せん・めん・じょ）＝お手洗（て・あら）い bathroom, toilet

漢字	意味	くんよみ	オンヨミ	（画数）

343 流
flow
stream
なが-れる
なが-す
リュウ
（10）

` 丶 氵 氵 沪 泸 泸 泸 済 流

流(なが)れ flow
流(なが)れる to flow

流行(りゅう・こう) trend, fashion
流通(りゅう・つう)する to circulate

344 消
extinguish
erase
き-える
け-す
ショウ
（10）

` 丶 氵 氵 氵 氵 沪 消 消 消

消(き)える to disappear
消(け)す to turn off, to erase

消費(しょう・ひ)する to consume
消火(しょう・か)する to extinguish a fire

345 決
decide
き-まる
き-める
ケツ／ケッ-
（7）

` 丶 氵 氵 沪 沪 決

決(き)める to decide
決定(けっ・てい)する to decide

決心(けっ・しん)する to resolve (to do something)
決意(けつ・い)する to make up one's mind

2-2 読み練習

I. 次の漢字の読み方をひらがなで書きなさい。

1. 打つ　　2. 投げる　　3. 折る　　4. 払う　　5. 洗う

6. 消える　　7. 決まる　　8. 流れる　　9. 深い　　10. 指

11. 右折する　　12. 左折する　　13. 指定席　　14. 深夜

15. 洗面所

II. 次の文を読んでみましょう。

1. 毎月1万円ずつ払って、新しい車を買うことに決めた。

2. 投資ブームについて新聞に投書した。

3. 寝る前に部屋の電気を消してください。

4. そこを右折して、次のかどを左折してください。

5. バイトで一日中なべやさらを洗って、指が痛くなった。

6. 投手がカーブを投げて、打者がホームランを打った。

7. 深い海に住む魚はどんな色をしていますか。

8. 山で降った雨の水は川を流れて海に入る。

2-3 書き練習 ··

Ⅰ．次の□に適当な漢字を書きなさい。

1. to hit a nail

くぎを□つ
う

2. to throw a ball

ボールを□げる
な

3. to pay money

お□を□う
かね　はら

4. to bend one's fingers

□を□る
ゆび　お

5. to wash one's hands

□を□う
て　あら

6. flow

□れ
なが

7. deep

□い
ふか

8. to decide one's career

□□を□める
し ごと　き

9. to turn off the light

□□を□す
でん き　け

Ⅱ．ことばの意味をかんがえて、適当な漢字を書いてみましょう。
い み

1. payment

支□い
しはら

2. advance payment

□□い
まえ ばら

3. preliminary meeting
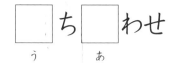
□ち□わせ
う　あ

4. to turn left
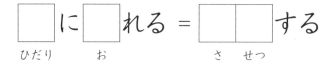
□に□れる＝□□する
ひだり　お　　さ せつ

5. to turn right

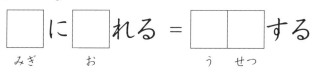

6. the midle of the night

7. reserved seat

8. to invest

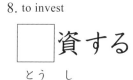

9. bathroom

10. to send a letter to the newspaper

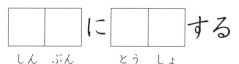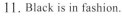

11. Black is in fashion.

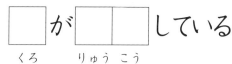

12. distribution of goods

13. to decide

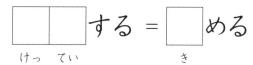

Ⅲ. 次の文を習った漢字を使って書きましょう。

1. ゆびをおって、かずをかぞえる。

2. しゃないでとっきゅうのしていせきのりょうきんをはらった。

3. まいあさせんめんじょでかおをあらう。

4. ことしりゅうこうしているちゃいろのセーターにきめました。

5. ごご３じから５かいのかいぎしつでうちあわせをおこないます。

6. けさのしんぶんにおもしろいとうしょがあった。

7. このかわはふかくて、ながれがきゅうです。

ユニット3 ・・・ **読み物**

＜指の話＞

手を見てください。指が5本ありますね。
日本語では、一番大きい指を「親指」とい
<small>おやゆび</small>
います。その次の指は「人さし指」です。
<small>ひと　ゆび</small>
人を指すときに使うからです。一番小さい
指を「小指」、まん中の指を「中指」といい
ます。中指と小指の間にあるのは「薬指」
です。薬をつけるときに使うからです。日
本では、結婚している人は左手の薬指に指
<small>ゆび</small>
輪をしていることが多いです。
<small>わ</small>

＊指輪　ring
<small>ゆび わ</small>

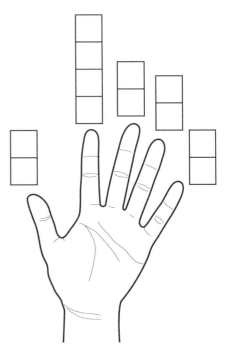

[質問]

1. 絵を見て、指の名前を書きなさい。
<small>え</small>

2. あなたの言語でそれぞれの指を何といいますか。

3. 次の指の形はどんな意味でしょうか。
<small>いみ</small>

a. 　　　b. 　　　c.

書いてみよう　日本では数を数えるとき、指を使います。1から10まで数えるときは1で親指
を折って、2で人さし指、3で中指、4で薬指を折り、5でぜんぶ折ります。次に、
6で小指を広げます。7で薬指、8で中指、9で人さし指と広げていき、10で指
をぜんぶ広げます。

あなたの国ではどうやって数えますか。

復習
ふく しゅう

Review Lesson 26-30

N： 春　夏　秋　冬　天(気)　熱　温(度)　仕事

(医)者　記者　運転(手)　議員　商業　農業

(工)業　(会)議　(本)当　(間)違い　点　次

形　味　指　(意)味　試験　試合　(結)果

A： 暑い　熱い　寒い　冷たい　暖かい　温かい

涼しい　良い　悪い　正しい　難しい　深い

NA： 適当な　残念な

V： 冷やす　受ける　落ちる　残る　流れる　消す

決める　指す　折る　投げる　打つ　払う

洗う　選ぶ　違う　当たる　合う

VN： (食)事する　運転する　記(入)する　面接する

説(明)する　合格する　決(定)する　流(行)する

(経)験する

Others： 同じ　　　　　　　　　　　　　　　(58字)

Ⅰ．次の漢字語は、「する」をつけて動詞として使うことができますか、「な」をつけて形容詞として使うことができますか。両方できないときは、「×」と書きなさい。

1. 適当（　　　）　　　11. 意味（　　　）

2. 試験（　　　）　　　12. 決定（　　　）

3. 左折（　　　）　　　13. 同意（　　　）

4. 洗面（　　　）　　　14. 残念（　　　）

5. 結果（　　　）　　　15. 受験（　　　）

6. 指定（　　　）　　　16. 形式（　　　）

7. 面接（　　　）　　　17. 消火（　　　）

8. 困難（　　　）　　　18. 冷静（　　　）

9. 流行（　　　）　　　19. 仕事（　　　）

10. 記事（　　　）　　　20. 運転（　　　）

Ⅱ．次の形容詞とペアになることばを書きなさい。

Ex. 長い　↔　（　　短い　　）

1. 正しい　　　←→　（　　　　　　）

2. やさしい　　←→　（　　　　　　）

3. 悪い　　　　←→　（　　　　　　）

4. 温かい　　　←→　（　　　　　　）

5. 寒い　　　　←→　（　　　　　　）

6. 涼しい　　　←→　（　　　　　　）

Ⅲ. 次の□に漢字を書きなさい。

形が似ている漢字 Similar-looking kanji

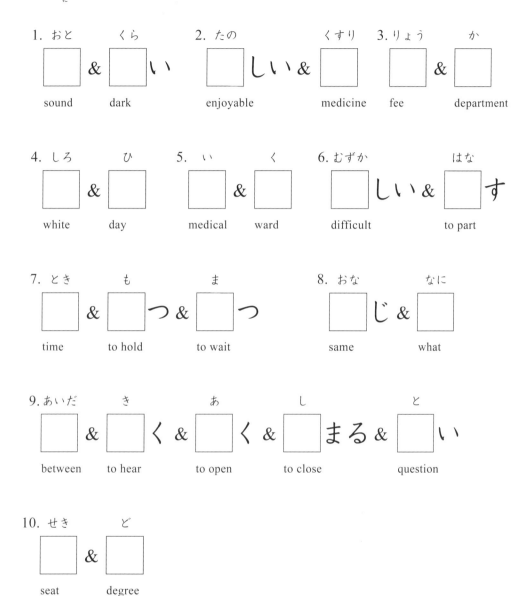

1. おと ＆ くら
   □ ＆ □ い
   sound   dark

2. たの ＆ くすり
   □ しい ＆ □
   enjoyable   medicine

3. りょう ＆ か
   □ ＆ □
   fee   department

4. しろ ＆ ひ
   □ ＆ □
   white   day

5. い ＆ く
   □ ＆ □
   medical   ward

6. むずか ＆ はな
   □ しい ＆ □ す
   difficult   to part

7. とき ＆ も ＆ ま
   □ ＆ □ つ ＆ □ つ
   time   to hold   to wait

8. おな ＆ なに
   □ じ ＆ □
   same   what

9. あいだ ＆ き ＆ あ ＆ し ＆ と
   □ ＆ □ く ＆ □ く ＆ □ まる ＆ □ い
   between   to hear   to open   to close   question

10. せき ＆ ど
    □ ＆ □
    seat   degree

Ⅳ. 同じ音の漢字 Kanji of the same 'ON' reading

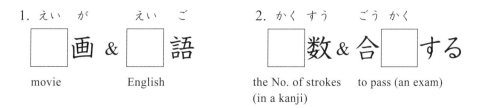

1. えい が ＆ えい ご
   □ 画 ＆ □ 語
   movie   English

2. かく すう ＆ ごう かく
   □ 数 ＆ 合 □ する
   the No. of strokes   to pass (an exam)
   (in a kanji)

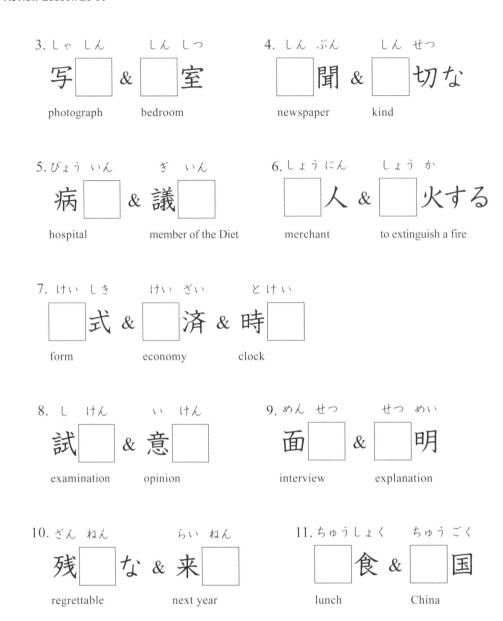

3. しゃ しん　　しん しつ

写□ & □室

photograph　　bedroom

4. しん ぶん　　しん せつ

□聞 & □切な

newspaper　　kind

5. びょう いん　　ぎ いん

病□ & 議□

hospital　　member of the Diet

6. しょう にん　　しょう か

□人 & □火する

merchant　　to extinguish a fire

7. けい しき　　けい ざい　　と けい

□式 & □済 & 時□

form　　economy　　clock

8. し けん　　い けん

試□ & 意□

examination　　opinion

9. めん せつ　　せつ めい

面□ & □明

interview　　explanation

10. ざん ねん　　らい ねん

残□な & 来□

regrettable　　next year

11. ちゅうしょく　　ちゅうごく

□食 & □国

lunch　　China

ほかにも音読みが同じ漢字はたくさんあります。この本の終わりに
「音訓索引」がありますから、さがしてみましょう。
　　おんくんさくいん

84

ユニット1 ・・ 漢字の話

旅行（Travel）
りょこう

新幹線特急券・新婚旅行・グループ旅行・ホテル・航空券のご予約と旅の
しんかんせん　とっきゅうけん　　　　　　　　　　　　　　　　　　こうくうけん　　よやく　　たび
ご相談は駅の旅行センターへどうぞ。
そうだん

1泊2日
いっぱく ふつか

〜発
はつ

〜着
ちゃく

山中温泉の旅

● 1泊2日／特急指定席または自由席
● 出 発 日／9月1日〜11月30日

日程	コース	食事
1日目	東京駅発 ＝＝＝（新横浜）＝＝＝（名古屋）＝＝ ＝＝加賀温泉駅 ＝＝＝山中温泉（泊）	夕
2日目	山中温泉 ＝＝＝加賀温泉駅 ＝＝＝（名古屋）＝＝ ＝＝（新横浜）＝＝＝東京駅着	朝

旅行代金（1名様）

	JR利用	
	平日・休日発	休前日発
4〜5名1室	37,600 円	41,000 円
3名1室	39,800 円	43,200 円
	43,000 円	46,400 円
	22,400 円	24,600 円

鎌倉 花の寺 めぐり と 港ヨコハマ 中国料理 フルコース

日帰り
添乗員同行

▶旅行代金／大人1名様
8,300円より

小人1名様
7,800円より

▶集合場所／東京駅丸の内南口　8時10分

▶募集人員／各回44名（最小遂行人員25名）

行程表
東京駅
丸の内南口集合　　出発—東名・横浜横須賀道路—鎌倉鶴岡八幡宮
（自由行動）

8:10　　　　8:30　　　　　9:00

日帰り
ひがえ

ゆったりスペースで
ご旅行相談
■ 国内旅行
■ 海外旅行
■ 日帰り1dayプラン

ユニット2 ⋯⋯⋯⋯⋯⋯⋯⋯⋯⋯⋯⋯⋯ 第31課の基本漢字

2-1 漢字の書き方 ⋯⋯⋯⋯⋯⋯⋯⋯⋯⋯⋯⋯⋯⋯⋯⋯⋯⋯⋯⋯⋯⋯⋯⋯⋯⋯⋯

漢字	意味	くんよみ	オンヨミ	（画数）

346 旅　travel　　たび　　　リョ　（10）

ヽ 亠 方 方 扩 疒 斿 斿 旅

旅

旅（たび）trip　　　　　旅費（りょ・ひ）traveling expenses

旅行（りょ・こう）する to travel　　旅館（りょ・かん）Japanese-style inn

347 約　promise / about　　ヤク　（9）

く 幺 幺 糸 糸 糸 約 約 約

約束（やく・そく）する to promise　　約（やく）〜 about 〜

予約（よ・やく）する to reserve　　婚約（こん・やく）engagement

348 案　idea / proposal　　アン　（10）

ヽ ル 宀 灾 安 安 安 宏 案 案

案（あん）idea, proposal　　　案内（あん・ない）する to guide

名案（めい・あん）good idea　　提案（てい・あん）する to propose

漢字	意味	くんよみ	オンヨミ	（画数）

349 準

standard
semi-

ジュン （13）

丶 ン ン ン ン ン ン ン 准 准 准 准 准

準備（じゅん・び）する to prepare　　水準（すい・じゅん）level, standard
準急（じゅん・きゅう）semi-express (train)

350 備

provide

ビ （12）

ノ イ イ イ 伊 伊 伊 伊 備 備 備 備

設備（せつ・び）equipment　　準備（じゅん・び）preparation
予備（よ・び）spare, reserve

351 相

each other
minister

あい

ソウ
ショウ （9）

一 十 オ 木 机 机 相 相 相 相 相 相

相手（あい・て）partner, opponent　　首相（しゅ・しょう）the prime minister
相談（そう・だん）する to consult　　外相（がい・しょう）the foreign minister

352 談

talk

ダン （15）

丶 二 三 言 言 言 言 計 談 談 談 談
談

対談（たい・だん）one on one discussion　　談話室（だん・わ・しつ）lounge
会談（かい・だん）する to hold talks

漢字	意味	くんよみ	オンヨミ	（画数）

353 連 — link — つ-れる — レン （10）

一 一 一 戸 戸 亘 亘 車 車 連 連

連（つ）れてくる to bring (someone) 　 国連（こく・れん）the United Nations

連（つ）れていく to take (someone) 　 連日（れん・じつ）day after day

354 絡 — entangle — ラク （12）

く 乡 乡 乡 糸 糸 紋 約 紋 絡 絡 絡

連絡（れん・らく）する to contact, to inform

連絡先（れん・らく・さき）contact information

355 泊 — stay — と-まる　と-める — ハク／-パク （8）

丶 丶 氵 汋 泊 泊 泊 泊

泊（と）まる to stay (the night) 　 〜泊（はく）する to stay 〜 nights

宿泊（しゅく・はく）する to stay (overnight) 　 ３泊（さん・ぱく）three night stay

356 特 — special — トク／トッ- （10）

丿 ノ 牛 牛 牛 牛 特 特 特 特

特（とく）に especially 　 特急（とっ・きゅう）limited express (train)

特別（とく・べつ）な special 　 特色（とく・しょく）characteristic

漢字		意味		くんよみ		オンヨミ		（画数）
357 急		hurry		いそ-ぐ		キュウ		（9）

ノ	ク	刍	刍	刍	急	急	急	急				

急（いそ）ぐ to hurry　　　　　　　　急用（きゅう・よう）urgent business

急（きゅう）に suddenly　　　　　　　急行（きゅう・こう）express (train)

2-2　読み練習・・・

Ⅰ．次の漢字の読み方をひらがなで書きなさい。

1. 急ぐ　　　2. 泊まる　　　3. 特に　　　4. 急に　　　5. 連絡する

6. 旅行する　　　7. 予約する　　　8. 案内する　　　9. 準備する

10. 相談する

Ⅱ．次の文を読んでみましょう。

1. 準急と急行と特急の中で、どれが一番速いですか。

2. ホテルの特別室を電話で予約した。

3. 案内所の人は、そこには旅館が約 30 あると言った。

4. 友だちに相談して、泊まる所を決めた。

5. 連絡先の住所と電話番号をここに書いてください。

6. この国は教育水準が高い。

7. 北海道旅行は楽しかった。特に料理がすばらしかった。

8. 映画が始まりますから、急いでください。

9. 夏休みに子どもを連れて海外旅行に行きます。

These guys are so cool

2-3 書き練習

Ⅰ. 次の□に適当な漢字を書きなさい。

1. to travel

□□する
りょ　こう

2. to consult

□□する
そう　だん

3. to contact

□□する
れん　らく

4. especially

□に
とく

5. to stay (the night)

□まる ＝ □□する
と　　　　　しゅく　はく

6. to hurry

□ぐ
いそ

7. reservation

□□
よ　やく

8. to guide

□□する
あん　ない

9. preparation

□□
じゅん　び

10. suddenly

□に
きゅう

Ⅱ. ことばの意味をかんがえて、適当な漢字を書いてみましょう。

1. trip

□
たび

2. tourist

□□□
りょ　こう　しゃ

3. traveling expenses

□費
りょ　ひ

4. Japanese-style inn

☐☐
りょ　かん

5. to stay two nights

☐☐する
に　はく

6. to take someone

☐れていく
っ

7. contact by telephone

☐☐☐☐
でん　わ　れん　らく

8. equipment

設☐
せつ　び

9. partner

☐☐
あい　て

10. promise

☐束
やく　そく

11. information office

☐☐☐
あん　ない　しょ

12. idea

☐
あん

13. standard

☐☐
すい　じゅん

14. semi-express (train)

☐☐
じゅんきゅう

15. express (train)

☐☐
きゅう　こう

16. limited express (train)

☐☐
とっ　きゅう

17. characteristic

☐☐
とく　しょく

Ⅲ. 次の文を習った漢字を使って書きましょう。

1. きょうとのりょかんをよやくしました。

2. せんせいにいそいでれんらくしたいことがあるんですが。

3. つぎのえきでとっきゅうをおりて、きゅうこうにのりかえます。

4. らいねんアメリカにりゅうがくするよていです。

5. キャンプじょうにとまりますから、じゅんびをしてきてください。

ユニット3 ‥‥‥‥‥‥‥‥‥‥‥‥‥‥‥‥‥‥‥‥‥‥‥ **読み物**

＜関西旅行＞
かんさい

　夏休みに京都と奈良へ行った。行く前に、友だちの山本さんにいろいろ相談した。山本さんは日本の古い歴史を勉強しているから、京都や奈良へ何回も行ったことがある。ガイドブックや地図を貸してもらい、電話で旅館を予約した。

　京都はガイドブックを見て一人で見物した。夏休みだから、若い学生がたくさんいてにぎやかだった。その晩は清水寺の近くの安い旅館に泊まった。

　奈良では、駅から山本さんの友だちの川田さんという人に連絡した。川田さんは駅までむかえに来てくれて、あちらこちら車で案内してくれた。京都にも古いものがたくさんあるが、奈良はもっと古い。特に、薬師寺が良かった。静かなお寺で千二百年も前にここに住んでいた人たちのことを思った。本物のお寺や仏像は、写真よりずっとずっとすばらしかった。

＊関西　the Kansai region　　　　　奈良　Nara
　かんさい　　　　　　　　　　　　　　なら
　貸してもらい、＝貸してもらって、to have ~ lent to you (to borrow)
　清水寺　Kiyomizu-dera (Temple)　　むかえに来る　to come to see
　きよみずでら
　薬師寺　Yakushiji Temple　　　　　〜のことを思う＝〜について思う　to think about 〜
　やくしじ
　本物の　real　　　　　　　　　　　仏像　statue of Buddha
　ほんもの　　　　　　　　　　　　　ぶつぞう

[質問]　次の文を読んで、この人が一番はじめにしたことから番号をつけなさい。

　　（　　　）奈良駅で川田さんに会った。
　　（　　　）電話で旅館を予約した。
　　（　　　）清水寺の近くの旅館に泊まった。
　　（　　　）薬師寺が一番いいと思った。
　　（　　　）一人で京都を見物した。
　　（　　　）川田さんに電話をかけた。
　　（　１　）山本さんにガイドブックや地図を借りて旅行の準備をした。
　　（　　　）川田さんの車で奈良を案内してもらった。
　　（　　　）京都へ行った。

知っていますか できますか

＜旅行パンフレット (Travel Pamphlet) ＞

下の「角館・弘前と十和田湖」のツアーのパンフレットを見てください。
かくのだて　ひろさき　とわだこ

［問題］　主人と私、小学生の子どもの３人で旅行しますが、主人の休みは毎週
日曜日と第１月曜日、第３月曜日です。

祝日(national holiday)と合わせて、３日間で旅行するには、出発日はいつ
しゅくじつ
がいいですか。また、旅行のお金はいくらかかりますか。

第32課
だい　か

ユニット１ ·· 漢字の話

駅などで見る表示（Transportation）
ひょうじ

　私たちは、バス、電車、タクシー、船、飛行機などいろいろな交通機関を
　　　　　　　　　　　　　　　ふね　　ひこうき
利用します。そして、その時、いろいろな漢字を見ます。

国内線出発ターミナルのご案内

ご利用の航空会社および行先を確認のうえ、各リ
Please check an airline and a destination and go to the departure terminal.
항공사 및 목적지를 확인하고 출발 터미널로 이동하시기 바랍니다. 请航空公司和目的地和出发

第１ターミナル出発　Terminal 1 (Departures)　　　　　　　航空会社 Airlines 항공 회사 航
제１터미널(출발)　第１候机楼（出发）

花巻　仙台　新潟　信州まつもと　静岡　名古屋（小牧／中部）　JA
Hanamaki　Sendai　Niigata　Shinsyu-Matsumoto　Shizuoka　Nagoya(Komaki/Chubu)

※成田　関西　宮崎
Narita　Kansai　Miyazaki

※ジェットスター（JJP）との共同運航便のみ

〜線　 〜 Flight　　　　国内線　Domestic Flights
　せん　　　　　　　　　こくないせん

出発　Departure　↔　到着　Arrival
しゅっぱつ　　　　　　とうちゃく

案内　Guide
あんない

横浜駅
連絡口

Exit to
Yokohama
Station

終日禁煙
No Smoking
禁烟　金연
当駅構内は、終日禁煙です。
ご協力ください。
　　　　　　　　　　　　　　駅長

終日禁煙　No Smoking at Any Time
しゅうじつきんえん

連絡口　Transfer (to Yokohama Station)
れんらくぐち

〜線　〜Line
せん

山手線
やまのてせん

〜方面　In the direction of 〜
ほうめん

目黒・品川・東京方面
めぐろ　しながわ　とうきょうほうめん

内回り　Inner track (counter-clockwise)
うちまわ

外回り　Outer track (clockwise)
そとまわ

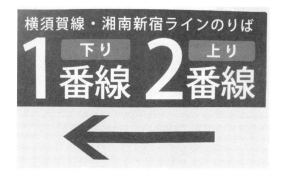

〜番線　Platform 〜
ばんせん

下り　Outbound (heading away from Tokyo)
くだ

上り　Inbound (heading toward Tokyo)
のぼ

歩行者に注意
ほこうしゃ　ちゅうい

Caution: Pedestrians

歩行者通路
ほこうしゃつうろ

Pedestrian Path

入口
いりぐち

Entrance

この信号右折
しんごう

Turn right at this traffic light.

ユニット**2** ‥‥‥‥‥‥‥‥‥‥‥‥‥‥‥‥ 第 **32** 課の基本漢字

2-1 漢字の書き方 ‥‥‥‥‥‥‥‥‥‥‥‥‥

漢字	意味	くんよみ	オンヨミ	（画数）
358 線	line		セン	（15）

線（せん）line 曲線（きょく・せん）curved line

～線（せん）～ line 直線（ちょく・せん）straight line

| 359 発 | start | | ハツ／ハッ-
-パツ | （9） |

出発（しゅっ・ぱつ）する to depart 発売（はつ・ばい）sale

発表（はっ・ぴょう）する to announce 発行（はっ・こう）publication

| 360 到 | arrive | | トウ | （8） |

到達（とう・たつ）する to reach, to arrive

到着（とう・ちゃく）する to arrive

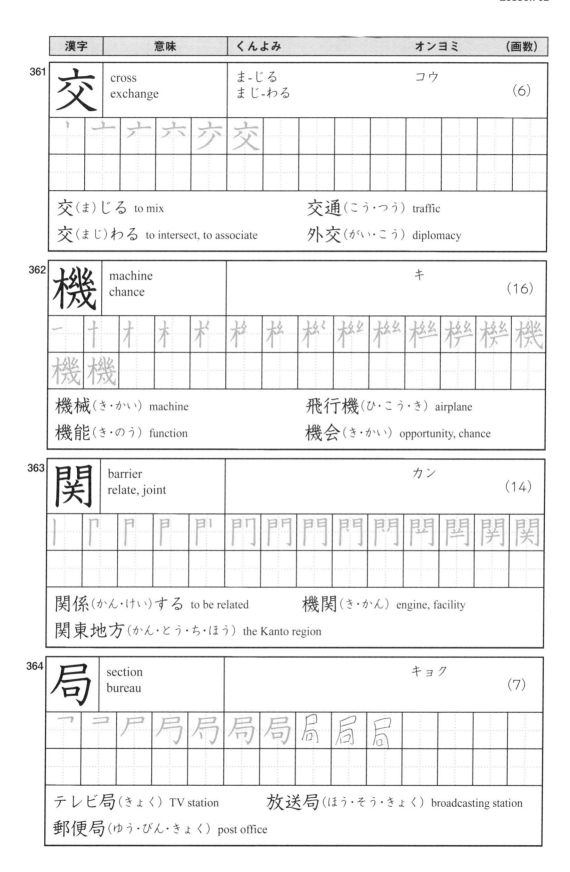

漢字	意味	くんよみ	オンヨミ	（画数）

361 交
cross
exchange

ま-じる
まじ-わる

コウ

(6)

`丶 亠 六 六 交 交`

交（ま）じる　to mix
交（まじ）わる　to intersect, to associate
交通（こう・つう）traffic
外交（がい・こう）diplomacy

362 機
machine
chance

キ

(16)

`一 十 才 木 杉 栌 栌 栌 棬 機 機 機 機 機`
機 機

機械（き・かい）machine
機能（き・のう）function
飛行機（ひ・こう・き）airplane
機会（き・かい）opportunity, chance

363 関
barrier
relate, joint

カン

(14)

`丨 冂 冂 冂 冂 門 門 門 門 門 閂 関 関`

関係（かん・けい）する　to be related
機関（き・かん）engine, facility
関東地方（かん・とう・ち・ほう）the Kanto region

364 局
section
bureau

キョク

(7)

`フ ㇕ ㇋ 尸 局 局 局 局 局 局`

テレビ局（きょく）TV station
放送局（ほう・そう・きょく）broadcasting station
郵便局（ゆう・びん・きょく）post office

漢字	意味	くんよみ	オンヨミ	（画数）

365 信
believe
message
シン
（9）

ノ　イ　イ　忙　忙　信　信　信　信

信(しん)じる to believe　　信号(しん・ごう) traffic light, signal

信用(しん・よう)する to trust　　通信(つう・しん) correspondence, communication

366 路
road
ロ
（13）

丨　口　口　𧾷　𧾷　足　𧾷　跁　趵　路　路　路

線路(せん・ろ) railroad track　　通路(つう・ろ) passage

道路(どう・ろ) road, street　　進路(しん・ろ) course

367 故
old
deceased
obstacle
コ
（9）

一　十　十　古　古　古　古　故　故

故人(こ・じん) the deceased　　事故(じ・こ) accident

故障(こ・しょう)する to break down

368 注
pour
focus
チュウ
（8）

ゝ　ミ　シ　ジ　汁　汁　注　注

注意(ちゅう・い)する to be careful　　注文(ちゅう・もん)する to order

注(ちゅう) (explanatory) notes　　注目(ちゅう・もく)する to pay attention

漢字	意味	くんよみ	オンヨミ	（画数）

369

意　mind
meaning

イ　（13）

` 一 ナ 立 产 音 音 音 音 音 意 意 意

意見（い・けん）opinion　　　意味（い・み）meaning
意識（い・しき）consciousness, awareness　　　意志（い・し）will

2-2 読み練習

Ⅰ．次の漢字の読み方をひらがなで書きなさい。

1. 線　　2. テレビ局　　3. 道路　　4. 意見　　5. 注意する

6. 出発する　　7. 到着する　　8. 発売する　　9. 信じる

10. 関する　　11. 交通事故　　12. 交通機関

Ⅱ．次の文を読んでみましょう。

1. 10時にここを出発して、午後1時ごろ旅館に到着する予定だ。

2. 高速道路で交通事故があった。

3. この歩道橋を渡って、まっすぐ行くと、線路に出ます。

4. ここには政府の研究機関がたくさんある。

5. 信号が青になるまで待ちましょう。

6. 日本料理と日本酒を注文します。

りょうり　しゅ　ちゅうもん

7. 1923 年に関東地方に大きい地震がありました。

かんとうちほう　　じしん

8. いい機会ですから、相手の意見を注意して聞いてください。

きかい　　あいて　いけん　ちゅうい

9. 今一番よく使われている通信機関は何ですか。

つうしん　きかん

10. 次の急行電車の発車時間は午前9時です。

つぎ　きゅうこうでんしゃ　はっしゃじかん　ごぜんくじ

2-3 書き練習

Ⅰ．次の□に適当な漢字を書きなさい。

1. to depart
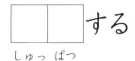
しゅっ ぱつ

2. to arrive
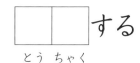
とう ちゃく

3. to be careful
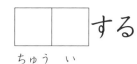
ちゅう い

4. traffic

こう つう

5. facility

き かん

6. road

どう ろ

7. line

せん

8. traffic light

しん ごう

9. accident

じ こ

10. opinion

い けん

11. pharmacy

やっ きょく

Ⅱ．ことばの意味をかんがえて、適当な漢字を書いてみましょう。

1. straight line

直 ☐
ちょく せん

2. railroad track

☐ ☐
せん　ろ

3. the Tokaido line

☐ ☐ ☐ ☐
とう　かい　どう　せん

4. sale

☐ ☐
はつ　ばい

5. diplomacy

☐ ☐
がい　こう

6. airplane

飛 ☐ ☐
ひ　こう　き

7. opportunity

☐ ☐
き　かい

8. to be related to

☐ 係する
かん　けい

9. the Kanto region

☐ ☐ ☐ ☐
かん　とう　ち　ほう

10. to believe

☐ じる
しん

11. to order

☐ ☐ する
ちゅう　もん

12. breakdown

☐ 障
こ　しょう

13. post office

郵 ☐ ☐
ゆう　びん　きょく

Ⅲ．次の文を習った漢字を使って書きましょう。

1. このバスは、くじきゅうふんにとうちゃくするよていです。

2. このすうねん、こうつうじこがすくなくなりました。

3. かんとうちほうは、ごごからあめがふるでしょう。

4. くるまにちゅういしてください。

5. このみちは、しんごうがおおいですね。

ユニット3 .... 読み物

＜日記：残念な土曜日＞

〇月×日（土）

　大学のときの友人がメールをくれた。彼女は海外で働いているので、なかなか会う機会がない。今週は日本にいるそうなので、ひさしぶりに飲もうと今日の夕方6時半に会うことになった。

　インターネットで乗る電車の時間をチェックした。出発の駅と目的の駅を入れ、それから到着時刻を6時15分と入力した。すると、5時12分の電車に乗ると、6時8分に着くことがわかった。本当に便利だ。

　5時前に家を出て駅の近くまで来たら、駅前の道路は車がぜんぜん動いていなかった。交通事故かなと思って見回すと、線路の上にトラックが2台止まっている。たくさんの人が見ていて、テレビ局のカメラも来ていた。大きな事故だったらしい。

　仕方がないので、彼女にメールして、事故のことを説明した。「1時間待ってみるけど、それでも電車が動かなかったら、キャンセルしよう」と書いた。結局、電車が動いたのは2時間後だった。今度彼女が日本に帰ってくるのは来年なので、その時会おうと約束した。会いたかったのに会えなくて、今日は本当に残念な土曜日だった。

＊時刻　time　　　　　目的の駅　destination　　　　約束する　to promise
　じこく　　　　　　　もくてき

［質問］

1. どうしてその友人にはなかなか会う機会がありませんか。

2. 出発の駅から目的の駅までおよそ何分かかりますか。

3. どうして道路の車が動いていませんでしたか。

4. 友人にはいつ会うことになりましたか。

知っていますか できますか

＜乗換案内 (Transfer Guide) ＞
のりかえあんない

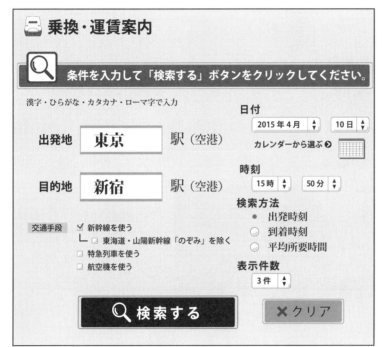

🚄 **乗換・運賃案内**

🔍 条件を入力して「検索する」ボタンをクリックしてください。

漢字・ひらがな・カタカナ・ローマ字で入力

日付
2015年4月 ▲▼   10日 ▲▼
カレンダーから選ぶ ❯ 🗓

出発地 東京 駅（空港）

目的地 新宿 駅（空港）

時刻
15時 ▲▼   50分 ▲▼

検索方法
● 出発時刻
○ 到着時刻
○ 平均所要時間

交通手段　☑ 新幹線を使う
　　　　└ □ 東海道・山陽新幹線「のぞみ」を除く
□ 特急列車を使う
□ 航空機を使う

表示件数
3件 ▲▼

🔍 **検索する**　❌ クリア

⬇

経路 1	出発日　2015年4月10日	発着時間　15:52 発 → 16:07 着
	乗換回数　1 回	所要時間　15 分（乗車時間15分）
	距離　　10.3km	合計金額　　200 円

時間／距離	経路	運賃	料金
15:52 発	**東京** 🔲 構内図　🔲 周辺地図　🔲 駅情報　🔲 駅弁		
15分 (10.3km)	（快速） 中央線中央特快	↕ 200 円	
16:07 着	**新宿** 🔲 構内図　🔲 周辺地図　🔲 駅情報　🔲 駅弁		

乗換 transfer
のりかえ

運賃 fare
うんちん

出発地 point of departure
しゅっぱつち

目的地 destination
もくてきち

日付 date
ひづけ

出発時刻 time of departure
しゅっぱつじこく

到着時刻 time of arrival
とうちゃくじこく

平均所要時間
へいきんしょようじかん
　　average time to destination

表示件数
ひょうじけんすう
　　number displayed

検索する to search
けんさく

経路 route
けいろ

出発日 date of departure
しゅっぱつび

発着時間
はっちゃくじかん
　　time of departure/arrival

所要時間
しょようじかん
　　total time to destination

乗車時間 time on board
じょうしゃじかん

乗換回数
のりかえかいすう
　　number of transfers

距離 distance
きょり

合計金額 total amount
ごうけいきんがく

第 33 課
だい か

ユニット1 ・・・・・・・・・・・・・・・・・・・・・・・・・・・・・・・・・・・・・・・ 漢字の話

町で見る表示（Miscellaneous Signs）
ひょうじ

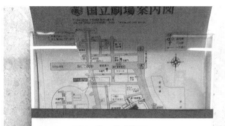

（国立劇場への）案内図
こくりつげきじょう　　　　あんないず
Area Map (with directions to the National Theatre)

ご自由にお取りください　Please take one.
じゆう　　と

毎月最終金曜発行
まいつきさいしゅうきんようはっこう
(new issue) released on the
last Friday of every month

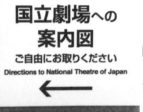

ご自由にお持ちください。　Please take one.
じゆう　　も

営業中　open
えいぎょうちゅう

定休日　regular closing days
ていきゅうび

臨時休業　closed temporarily
りんじ　きゅうぎょう

準備中　open later today
じゅんびちゅう

お知らせ **Information**

国立劇場終了時は
大変混雑いたします。
お帰りのきっぷは
お早めにお求めください。

お知らせ
information

国立劇場終了時は大変混雑いたします。
Following the end of performances at the National Theatre,
this area becomes very congested.

お帰りのきっぷは
お早めにお求めください。
Please buy your return ticket in advance.

自動
automatic

押して下さい
Please push.

引く
pull

お客様へのお願い
to our customers

お静かに願います
Please be quiet.

アイドリングストップに
ご協力願います
Please refrain from running your engine out
(of consideration for our neighbors).

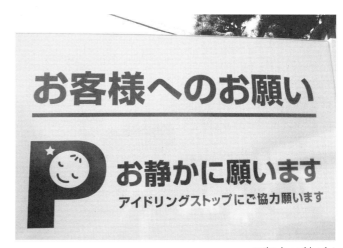

notice in parking lot

ユニット2 ‥‥‥‥‥‥‥‥‥‥‥‥‥‥‥‥‥‥ 第33課の基本漢字

2-1 漢字の書き方 ‥‥‥‥‥‥‥‥‥‥‥‥‥‥‥‥‥‥‥‥‥‥‥‥‥‥

漢字	意味	くんよみ	オンヨミ	（画数）

370 押　press / push　　お-す　　（8）

一 十 扌 扌 扣 担 担 押

押（お）す　to push
押（お）し入（い）れ＝押入れ＝押入　built-in closet

371 引　pull / draw　　ひ-く　　イン　（4）

フ コ 弓 引

引（ひ）く　to pull, to draw　　　　引力（いん・りょく）gravity
引（ひ）き出（だ）し　drawer　　　　引用（いん・よう）する　to quote, to cite

372 割　divide　　わ-れる　わり　わ-る　　カツ　（12）

丶 丷 宀 宀 中 宀 宝 害 害 害 割 割

割（わ）る　to break, to divide　　　　１割引（いち・わり・び）き　10% discount
割合（わり・あい）rate, ratio　　　　分割（ぶん・かつ）division

漢字	意味	くんよみ	オンヨミ	（画数）

373 営　manage　　エイ　（12）

｀　｀　ツ　ツ　ツ　営　営　営　営　営　営　営

営業（えい・ぎょう）する to do business　　運営（うん・えい）する to manage
経営（けい・えい）する to manage, to run　　市営（し・えい）バス municipal bus

374 自　self　　ジ　（6）

｀　｀　自　自　自

自宅（じ・たく）one's own home　　自信（じ・しん）self-confidence
自分（じ・ぶん）oneself　　自由（じ・ゆう）freedom, liberty

375 由　reason　　ユ　ユウ　（5）

｜　冂　巾　由　由

経由（けい・ゆ）via, by way of
理由（り・ゆう）reason

376 取　take　　と-る　　シュ　（8）

一　丁　F　F　E　耳　取　取

取（と）る to take, to get　　取材（しゅ・ざい）する to cover, to gather
取（と）り引（ひ）き business　　取得（しゅ・とく）する to acquire

漢字		意味	くんよみ	オンヨミ	（画数）
377	求	request demand	もと-める	キュウ	（7）

一 十 寸 寸 求 求 求

求（もと）める to ask (for)　　　　要求（よう・きゅう）する to demand

求人広告（きゅう・じん・こう・こく）help-wanted advertisement

| 378 | 願 | wish
request | ねが-う | ガン | （19） |

一 厂 厂 厂 斤 盾 盾 盾 原 原 原 原 原 原

願 願 願 願 願

願（ねが）う to request, to wish　　　願書（がん・しょ）application

願（ねが）い wish, request

| 379 | 知 | know | し-る | チ | （8） |

ノ ヒ 匕 ケ 矢 知 知 知

知（し）る to know, to find　　　知識（ち・しき）knowledge

知（し）らせる to let know, to inform　　　通知（つう・ち）する to inform

2-2　読み練習 ....

Ⅰ．次の漢字の読み方をひらがなで書きなさい。

1. 押す　　2. 引く　　3. 取る　　4. 割る　　5. 願う　　6. 知る

7. 求める　　8. 店を経営する　　9. 自分の家＝自宅

10. 自由な時間　　11. 理由

Ⅱ．次の文を読んでみましょう。

1. その会社と取り引きがあるかどうか知らない。

2. 次の式の答えを求めなさい。　　3. ベースアップを要求する。
ょう

4. 求人広告で仕事をさがす。　　5. 県知事にお願いがあります。
こく

6. 大学に入学願書を出す。　　7. 100 を 7 で割るといくつですか。

8. 着ない服は押し入れに、着る服は引き出しにしまう。

9. どんな理由があっても、遅れて来るのは悪い。

10. 来週の月曜日に知人がホンコン経由でシンガポールから来ます。

2-3 書き練習 ···

Ⅰ．次の□に適当な漢字を書きなさい。

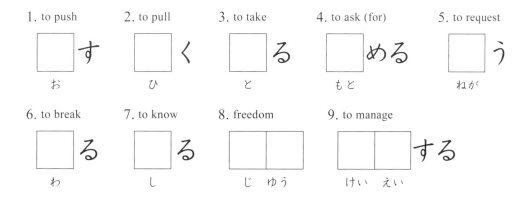

1. to push　　□す　　お

2. to pull　　□く　　ひ

3. to take　　□る　　と

4. to ask (for)　　□める　　もと

5. to request　　□う　　ねが

6. to break　　□る　　わ

7. to know　　□る　　し

8. freedom　　□□　　じ　ゆう

9. to manage　　□□する　　けい　えい

Ⅱ．ことばの意味をかんがえて、適当な漢字を書いてみましょう。

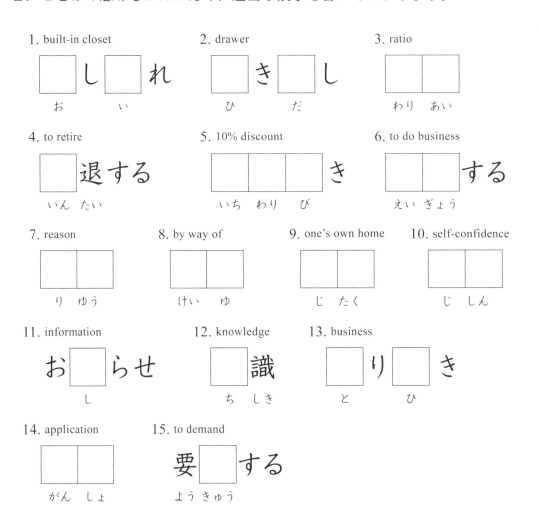

1. built-in closet

□し□れ
お　　い

2. drawer

□き□し
ひ　　だ

3. ratio

□□
わり　あい

4. to retire

□退する
いん　たい

5. 10% discount

□□□き
いち　わり　び

6. to do business

□□する
えい　ぎょう

7. reason

□□
り　ゆう

8. by way of

□□
けい　ゆ

9. one's own home

□□
じ　たく

10. self-confidence

□□
じ　しん

11. information

お□らせ
し

12. knowledge

□識
ち　しき

13. business

□り□き
と　　ひ

14. application

□□
がん　しょ

15. to demand

要□する
よう　きゅう

Ⅲ．次の文を習った漢字を使って書きましょう。

1. このドアは、おしてもひいてもあかない。

2. まどガラスをわったのはわたしです。

3. あのみせは、ごぜんくじからえいぎょうしている。

4. やすみのひは、じぶんのいえにいるのがいちばんすきだ。

5. しらないひとに「しゃしんをとってください」とおねがいした。

ユニット3 ·· 読み物

＜ CD プレーヤー＞

　金曜日の夕方、会社の帰りに秋葉原へ行った。その週にボーナスをもらった
ので、前からほしかった CD プレーヤーを買うことにした。

　どの店も、とてもこんでいた。ぼくはいろいろな CD プレーヤーをくらべて
みようと思って、一番大きい店に入った。

　でも、あれもこれもみんなほしくて、なかなか決められない。そこへ店員が
来て「どうぞご自由にいろいろ聞いてみてください」と言った。

　Ａ社のものと、Ｂ社のものを聞いてみた。Ａ社のほうがデザインがいいし、
8000 円安いが、Ｂ社のほうが音がいい。

　考えていると、店員が「今、Ｂ社のものは、特別に割引きいたします。こちら
は定価 67000 円ですが、今３割引きですよ」と言った。

　Ａ社のものは２割しか引かないと言うので、Ｂ社のを買った。

　念願の CD プレーヤーを買って、本当にうれしかったので、「いい音楽を聞
きにきませんか」と真理子さんに電話をした。

　駅で真理子さんと待ち合わせをして、いっしょに家に帰り、プレーヤーを取
り出した。その時たいへんなことに気がついた。ディスクを買うのをすっかり
忘れていた。

＊秋葉原　place name 　　　　考える to think 　　　　定価 fixed price
　あきはばら　　　　　　　　　かんが　　　　　　　　　ていか
　念願 one's dearest wish 　　気がつく to notice 　　　忘れる to forget
　ねんがん　　　　　　　　　き　　　　　　　　　　　わす

[質問]

　1. この人はどうして一番大きい店に入りましたか。

　2. Ａ社のプレーヤーとＢ社のプレーヤーとでは定価はどちらが安いですか。

　3. どちらを買いましたか。

　4. いくらで買いましたか。

知っていますか できますか

＜漢字で遊ぶ (Kanji Pictures) ＞

いろいろなドア・サインです。意味をかんがえて、正しい漢字と読み方を書きなさい。

例.

電話

（　でんわ　）

1.

（　　　　　）

2.

（　　　　　）

3.

（　　　　　）

4.

（　　　　　）

5. ［　］［　］い

（　　　　　）

6.

（　　　　　）

7.

（　　　　　）

8. ［　］かに

（　　　　　）

9.

（　　　　　）

10. ［　］す

（　　　　　）

11. ［　］く

（　　　　　）

（桑山弥三郎編『世界の絵文字 1970-83』pp.424-425 柏書房より）

第 34 課
だい　　か

物の名前と総称（General Terms for Utensils）
そうしょう

はさみ　　ホチキス　　ファイル　　文具（＝文房具）stationery
　　　　　　　　　　　　　　　　　　ぶんぐ　　ぶんぼうぐ

たんす　　本だな　　食器だな　　家具 furniture
　　　　　　　　　　　　　　　　か　ぐ

ふとん　シーツ　まくら　　寝具 bedding
　　　　　　　　　　　　　しんぐ

なべ　　　　　　ポット　　台所用品 kitchen utensils
　　　　　　　　　　　　　だいどころようひん

ほうちょう　フライパン

茶わん　　グラス　　フォーク　　食器 tableware
　　　　　　　　　　　　　　　　しょっき

コップ　　皿　スプーン
　　　　　さら

物をまとめていうときに使う漢字：

具（ぐ）：文具　家具　寝具　工具　農具

器（き）：食器　楽器　計器　花器　茶器

品（ひん→L35）：食料品　化粧品　日用品
　　　　　　　　けしょうひん

用品（ようひん）：スポーツ用品　ベビー用品　家庭用品
　　　　　　　　　　　　　　　　　　　　かてい

ユニット2　　•••••••••••••••••••••••••••••••••　第34課の基本漢字

2-1 漢字の書き方　•••••••••••••••••••••••••••••••

漢字	意味	くんよみ	オンヨミ	（画数）
380 台	board stand		ダイ タイ	（5）

㇌　ㇺ　台　台　台

台（だい）board, stand　　　　　台地（だい・ち）plateau

１台（いち・だい）one (counter for machines)　　台風（たい・ふう）typhoon

漢字	意味	くんよみ	オンヨミ	（画数）
381 窓	window	まど	ソウ	（11）

丶　丷　宀　宍　空　空　空　空　窓　窓　窓

窓（まど）window　　　　　　同窓会（どう・そう・かい）school reunion

窓口（まど・ぐち）window, counter

漢字	意味	くんよみ	オンヨミ	（画数）
382 具	tool instrument		グ	（8）

一　冂　冃　月　目　具　具　具

道具（どう・ぐ）tool, instrument　　　家具（か・ぐ）furniture

具体的（ぐ・たい・てき）な concrete　　雨具（あま・ぐ）rain wear

漢字	意味	くんよみ	オンヨミ	(画数)

383 器 container / tool — うつわ — キ — (15)

｜ 口 口 口 吅 吅 哭 哭 哭 哭 器 器 器

器

器 (うつわ) container　　食器 (しょっ・き) tableware

楽器 (がっ・き) musical instrument　　器具 (き・ぐ) utensil, appliance

384 用 use / errand — もち‐いる — ヨウ — (5)

丿 刀 月 月 用

用 = 用事 (よう・じ) errand, business　　用意 (よう・い) する to prepare

用具 (よう・ぐ) tool　　利用 (り・よう) する to use

385 服 clothes — フク — (8)

丿 刀 月 月 肌 服 服 服 服 服 服 服

服 服 服 服 服 服 服 服 服 服 服 服

服 (ふく) clothes　　和服 (わ・ふく) kimono, Japanese-style clothes

服用 (ふく・よう) する to take (medicine)　　洋服 (よう・ふく) Western-style clothes

386 紙 paper — かみ — シ — (10)

く 幺 幺 糸 糸 糸 紅 紙 紙 紙 紙 紙

紙 (かみ) paper　　手紙 (て・がみ) letter

折 (お) り紙 (がみ) origami art　　表紙 (ひょう・し) cover (of a book)

漢字	意味	くんよみ	オンヨミ	（画数）

387 辞 — word, affix / resign

ジ （13）

辞書（じ・しょ）dictionary ＝ 辞典（じ・てん） 辞退（じ・たい）する to decline

接辞（せつ・じ）affix

388 雑 — rough / mixed

ザツ／ザッ- （ゾウ） （14）

雑音（ざつ・おん）noise 複雑（ふく・ざつ）な complicated

雑用（ざつ・よう）chores 雑木林（ぞう・き・ばやし）thicket

389 誌 — record / magazine

シ （14）

雑誌（ざっ・し）magazine 日誌（にっ・し）daily record

週刊誌（しゅう・かん・し）weekly magazine

2-2 読み練習

Ⅰ. 次の漢字の読み方をひらがなで書きなさい。

1. 台所　　2. 道具　　3. 食器　　4. 辞書　　5. 洋服

6. 雑誌　　7. 楽器　　8. 用具　　9. 手紙　　10. 窓口

Ⅱ. 次の文を読んでみましょう。

1. 家具売り場は5階で婦人服売り場は3階です。

2. 台風は毎年夏から秋に日本に来る。

3. 本、雑誌、辞書などを買うときは、大きい書店のほうが

　いろいろ見て選べる。

4. 結婚する前に、新しい家具や食器を買った。

5. 日曜日は手紙を書いたり雑誌を読んだりしています。

6. 急行券は2番の窓口で買ってください。

7. 紙人形を作るために折り紙とはさみとのりを用意する。

8. この台所は窓が大きくて明るい。

9. この薬は食後30分たったら、服用してください。

2-3 書き練習

I．次の□に適当な漢字を書きなさい。

1. board
   だい

2. window
   まど

3. paper
   かみ

4. clothes
   ふく

5. magazine
   ざっ　し

6. letter
   て　がみ

7. tool
   どう　ぐ

8. tableware
   しょっ　き

9. errand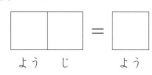
   よう　じ　＝　よう

10. dictionary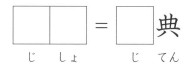
    じ　しょ　＝　じ　てん　典

II．ことばの意味をかんがえて、適当な漢字を書いてみましょう。

1. stationery
   ぶん　ぐ

2. bedding
   しん　ぐ

3. musical instrument
   がっ　き

4. fire extinguisher
   しょう　か　き

5. to use いる
   もち

6. tool
   よう　ぐ

7. to prepare  する
   よう　い

8. kitchen
   だい　どころ

9. plateau
   だい　ち

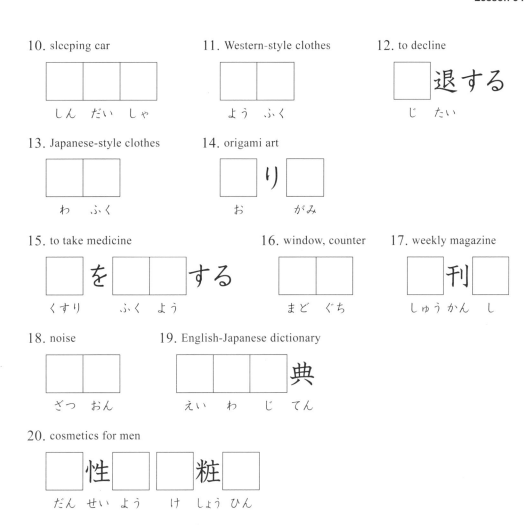

10. sleeping car

しん　だい　しゃ

11. Western-style clothes

よう　ふく

12. to decline

□退する

じ　たい

13. Japanese-style clothes

わ　ふく

14. origami art

□り□

お　　がみ

15. to take medicine

□を□□する

くすり　ふく　よう

16. window, counter

まど　ぐち

17. weekly magazine

□刊□

しゅう　かん　し

18. noise

ざつ　おん

19. English-Japanese dictionary

□□□典

えい　わ　じ　てん

20. cosmetics for men

□性□□粧□

だん　せい　よう　け　しょう　ひん

Ⅲ. 次の文を習った漢字を使って書きましょう。

1. てんきがいいので、だいどころのまどをあけた。

2. けっこんしたとき、あたらしいかぐとしょっきをかった。

3. ざっしに、ことしりゅうこうしているふくがのっている。

4. じしょをみながら、にほんごでてがみをかいた。

5. ともだちがくるので、たべものやのみものをたくさんよういした。

ユニット3 ・・・ **読み物**

＜結婚準備：男と女、どちらがたいへん？＞

　男女が結婚して新しい家庭を作る時には、いろいろな物を買わなければなりません。日本ではむかし、女の人が家具や寝具を用意しました。家具というのは、洋だんす、和だんすなどです。食器などの台所用品やいろいろな家庭用品も女の人が買いました。新しい洋服や和服も作らなければなりません。ですから、「むすめが三人いると、家がつぶれる」と言いました。

　一方、男の人は、婚約する時に月給の二か月分ぐらいのお金を女の人の家に渡しました。これを「結納」と言います。男の人は、二人が住む家も見つけなければなりませんでした。その家のお金は、男の人が払いました。

　今では結婚の準備も変わってきています。

　男と女、あなたの国では、どうですか。

＊家庭　home　　　　　　　　むかし　the old days　　　　むすめ　daughter
　つぶれる　to go bankrupt　　一方　on the other hand　　月給　(monthly) salary
　二か月分　two months' worth　変わる　to change

［質問］

　1. 男女が結婚する時、日本ではむかし、女の人は何をしなければなりませんでしたか。

　2. 男の人は、何をしなければなりませんでしたか。

　3. どうして「むすめが三人いると、家がつぶれる」と言ったのですか。

　4. 7行目の「これ」というのは、何ですか。

　5. 上の文を読んで、男と女、どちらがたいへんだったと思いますか。

　書いてみよう　あなたの国では、結婚するとき、男の人と女の人が何を準備するか書いてみましょう。

知っていますか できますか

＜デパートの店内案内 (Department Store Guide)＞

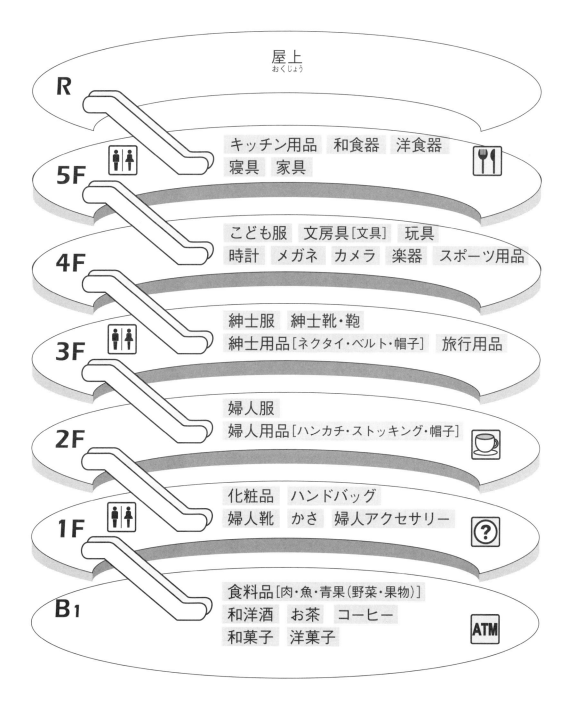

R　屋上
おくじょう

5F　キッチン用品　和食器　洋食器
寝具　家具

4F　こども服　文房具[文具]　玩具
時計　メガネ　カメラ　楽器　スポーツ用品

3F　紳士服　紳士靴・鞄
紳士用品[ネクタイ・ベルト・帽子]　旅行用品

2F　婦人服
婦人用品[ハンカチ・ストッキング・帽子]

1F　化粧品　ハンドバッグ
婦人靴　かさ　婦人アクセサリー

B1　食料品[肉・魚・青果(野菜・果物)]
和洋酒　お茶　コーヒー
和菓子　洋菓子

5F   キッチン用品 Kitchen Utensils   和食器 Japanese Tableware

洋食器 Western Tableware   寝具 Bedding   家具 Furniture

4F   こども服 Babies'/Children's Wear   文房具（文具）Stationery

玩具 Toys   時計 Watches & Clocks   メガネ Eyewear   カメラ Cameras

楽器 Musical Instruments   スポーツ用品 Sporting Goods

3F   紳士服 Men's Wear   紳士靴・鞄 Men's Shoes & Bags

紳士用品 Men's Accessories ［ネクタイ Neckties   ベルト Belts   帽子 Men's Hats］

旅行用品 Travel Accessories

2F   婦人服 Women's Wear   婦人用品 Women's Accessories ［ハンカチ Handkerchiefs

ストッキング Hosiery   帽子 Women's Hats］

1F   化粧品 Cosmetics   ハンドバッグ Handbags   婦人靴 Women's Shoes

かさ Umbrellas   婦人アクセサリー Jewelry

B1   食料品 Foods ［肉 Meat   魚 Fish   青果 Fresh Produce （野菜 Vegetables   果物 Fruits）］

和洋酒 Alcoholic Beverages   お茶 Tea   コーヒー Coffee

和菓子 Japanese Confectionery   洋菓子 Western Confectionery

［質問］

1. 次の物を買いたいときは、何階へ行けばいいですか。

a.   b.   c.   d.

e.   f.   g.   h.

i.   j.   k.   l.

2. レストランは、何階にありますか。

3. お手洗いは、何階にありますか。

4. 売り場がわからないとき、どこへ行けばいいですか。

第 35 課
だい か

ユニット1 ·· 漢字の話

経済で使われる漢字（Economic Terminology）

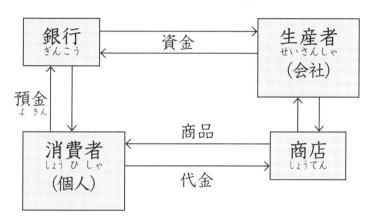

銀行 bank
ぎんこう

預金 deposit
よきん

消費者 consumer
しょうひしゃ

個人 individual
こじん

資金 capital, funds
しきん

商品 goods, products
しょうひん

代金 cost
だいきん

生産者 producer
せいさんしゃ

会社 company
かいしゃ

商店 store
しょうてん

次のことばを例のように、わかりやすく言いかえなさい。

例. 生産する：ものをつくる

1. 生産者：

2. 産地＝生産地：

3. 産物＝生産物：

4. 消費する：

5. 消費者：

6. 物価：

7. 地価：

ユニット2 .... 第 35 課の基本漢字

2-1 漢字の書き方 ....

漢字	意味	くんよみ	オンヨミ	（画数）

390 銀　silver　　　　　　　　　　ギン　　（14）

ノ　ハ　ト　ヒ　牟　牟　金　金　金ˊ　金ˉ　金ˌ　釘　鉬　銀

銀（ぎん）silver　　　　　水銀（すい・ぎん）mercury
銀行（ぎん・こう）bank　　銀座（ぎん・ざ）Ginza

391 資　capital fund resources　　　　　シ　　（13）

丶　冫　冫　汢　汣　次　冹　咨　咨　咨　資　資

資本（し・ほん）capital, funds　　投資（とう・し）する to invest
資料（し・りょう）data, materials　資格（し・かく）qualifications

392 品　article goods　　しな　　　ヒン　　（9）

丶　口　口　口　品　品　品　品　品

品物（しな・もの）items, articles　　商品（しょう・ひん）goods, products
食料品（しょく・りょう・ひん）food　上品（じょう・ひん）な elegant

漢字	意味	くんよみ	オンヨミ	（画数）

393 個 individual — コ （10）

ノ イ イ 们 佪 侗 侗 侗 個 個

個人（こ・じん）individual   個室（こ・しつ）private room
1個（いっ・こ）one (thing)   個々（ここ）の each, individual (object)

394 価 price value — カ （8）

ノ イ イ 仁 价 価 価 価

物価（ぶっ・か）(commodity) prices   高価（こう・か）な expensive
評価（ひょう・か）する to evaluate   価格（か・かく）price

395 産 produce give birth | う-まれる / う-む | サン （11）

丶 一 亠 立 立 产 产 产 产 産 産

産（う）む to give birth   生産（せい・さん）する to produce
産業（さん・ぎょう）industry   産地（さん・ち）producing region

396 期 term expect — キ （12）

一 十 廿 甘 甘 其 其 其 期 期 期 期

期間（き・かん）period   学期（がっ・き）academic semester
期待（き・たい）する to expect   定期（てい・き）commuter pass, regular, periodic

漢字	意味	くんよみ	オンヨミ	（画数）

397

| 々 | (symbol of repetition) | | | （3） |

ノ 　 々 　 々

人々（ひとびと）people 　 　 国々（くにぐに）various countries

先々週（せんせん・しゅう）the week before last 　 少々（しょうしょう）a bit, a few

398

| 報 | report
inform | ホウ | | （12） |

一 　 十 　 士 　 キ 　 玏 　 玏 　 圥 　 幸 　 幸 　 幸 　 報 　 報

報道（ほう・どう）news 　 　 予報（よ・ほう）forecast

電報（でん・ぽう）telegram 　 情報（じょう・ほう）information

399

| 告 | announce | コク | | （7） |

ノ 　 ヒ 　 屮 　 牛 　 生 　 告 　 告

報告（ほう・こく）する to report 　 　 報告書（ほう・こく・しょ）report

広告（こう・こく）advertisement

2-2 読み練習 ....

Ⅰ．次の漢字の読み方をひらがなで書きなさい。

1. 個人 　 　 2. 資本 　 　 3. 銀行 　 　 4. 商品 　 　 5. 物価 　 　 6. 人々

7. 生産する 　 　 8. 報告する 　 　 9. 期待する 　 　 10. 広告

Ⅱ．次の文を読んでみましょう。

1. 日本語コースの後期の定期試験が来週始まる。

2. 人々は、デパートや個人の商店などでほしい品物を買う。

3. いろいろな品物の価格の平均 (average) を「消費者物価」という。
　　　　　　　　　　　　へいきん　　　　　　　　ひ

4. あの店は、高価な商品も、定価の２割引きで売ります。

5. アジアの国々の生産システムについて、報告書を書いた。

6. 銀行から資金を借りて家を買ったが、返済がたいへんだ。

7. 品質の良い物を生産しても、価格が高ければ、売れない。

8. 新聞やテレビ、ラジオの広告を作る仕事は、第３次産業である。
　　　　　　　　　　　　　　　　　　　　　だい

2-3 書き練習

Ⅰ．次の□に適当な漢字を書きなさい。

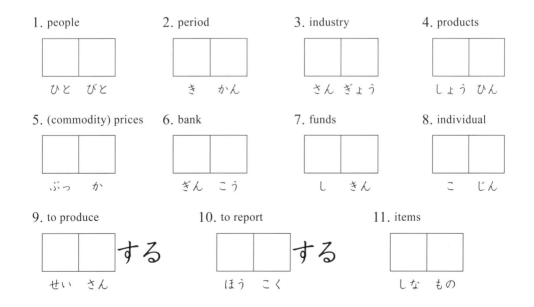

1. people
　ひと　びと

2. period
　き　　かん

3. industry
　さん　ぎょう

4. products
　しょう ひん

5. (commodity) prices
　ぶっ　　か

6. bank
　ぎん　こう

7. funds
　し　　きん

8. individual
　こ　　じん

9. to produce　する
　せい　さん

10. to report　する
　ほう　こく

11. items
　しな　もの

127

Ⅱ. ことばの意味をかんがえて、適当な漢字を書いてみましょう。

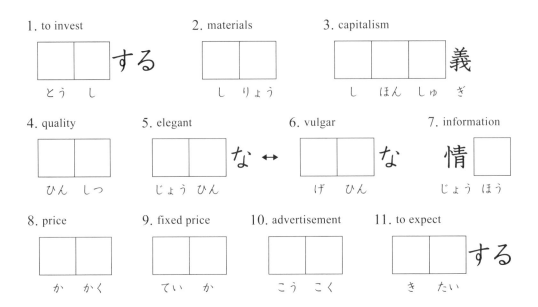

1. to invest
□□ する
とう　し

2. materials
□□
し　りょう

3. capitalism
□□□ 義
し　ほん　しゅ　ぎ

4. quality
□□
ひん　しつ

5. elegant
□□ な ↔
じょう ひん

6. vulgar
□□ な
げ　ひん

7. information
情 □
じょう ほう

8. price
□□
か　かく

9. fixed price
□□
てい　か

10. advertisement
□□
こう　こく

11. to expect
□□ する
き　たい

Ⅲ. 次の文を習った漢字を使って書きましょう。

1. ぎんこうでかいしゃのしきんをかりた。

2. あのみせでは、いろいろなくにのしょくりょうひんがかえる。

3. このメロンは、いっこで5000えんもする。

4. とうなんアジアのにほんごきょういくについてほうこくがあります。

5. ことしのこめのせいさんは、きたいしたほどではなかった。

ユニット3 ·········· 読み物

＜買物すごろく (Shopping Game) ＞

　学生は、自分のコマに名前を書く。①自分の番になったら、さいころをふる。②目の数だけコマをすすめる。③止まったところの漢字を読み、そこで買える品物のカードをもらう。＊漢字が読めなければ、3つもどる。＊品物を3つ以上買って、はやく帰宅できた人が勝ち（win）。

＊先生はこのページを拡大して、すごろく盤を作り、また品物の名前を書いたカードを用意してください。

復習
ふく しゅう

Review Lesson 31-35

N： 線　交(通)　機関　テレビ局　(道)路　(事)故

自由　台(所)　窓　用具　(食)器　(洋)服

(手)紙　辞(書)　雑誌　銀(行)　資(本)　(商)品

個(人)　(物)価　(人)々

Ad： 特に　急に

V： 泊まる　急ぐ　信じる　押す　引く　割る　取る

求める　願う　知る

VN： 旅(行)する　(予)約する　案(内)する　準備する

相談する　連絡する　(出)発する　到(着)する

注意する　(経)営する　(生)産する　期(待)する

報告する　　　　　　　　　　　　　　　(54字)

語構成 3 (Word Structure 3)
ごこうせい

漢字のことばの中には、次のような長いことばがあります。

漢字3字：図書館　食料品　小説家　新学期　古新聞　不親切

漢字4字：大学病院　入学試験　電話連絡

漢字5字：店内案内図　自動車工場　進学相談会

漢字6字：国立教育会館　経済情報雑誌　都市交通問題

それ以上：産業別労働人口　学校教育問題研究会

長い漢字のことばは小さい意味の単位 (meaningful unit) に分けることができます。
たんい

（□□）＋□：　　　　　　　　　　意味の関係（relation）
　　　　　　　　　　　　　　　　　　　かんけい

　　外国人　　→　外国　＋　人　＝　外国の人

　　研究所　　→　研究　＋　所　＝　研究する所

　　物価高　　→　物価　＋　高　＝　物価が高いこと

□＋（□□）：

　　古新聞　　→　古　＋　新聞　＝　古い新聞

　　不合格　　→　不　＋　合格　＝　合格しないこと

　　不親切　　→　不　＋　親切　＝　親切ではないこと

（□□）＋（□□）：

　　国立病院　→　国立　＋　病院　＝　国立の病院

　　有名大学　→　有名　＋　大学　＝　有名な大学

　　勉強部屋　→　勉強　＋　部屋　＝　勉強する部屋

　　料理上手　→　料理　＋　上手　＝　料理が上手なこと

　　東京案内　→　東京　＋　案内　＝　東京を案内すること

　　電話連絡　→　電話　＋　連絡　＝　電話で連絡すること

　　自由行動　→　自由　＋　行動　＝　自由に行動すること

　　その他：

　　　不合格者　→　（不＋合格）＋者＝合格しなかった者

　　　新宿駅前　→　（新宿＋駅）＋前＝新宿の駅の前

　　　前都知事　→　前＋（都＋知事）＝前の(東京)都の知事

［練習］

Ⅰ．次の漢字のことばを小さい単位（たんい）に分けて、意味の関係（かんけい）をかんがえなさい。

1. 新学期→
2. 営業中→
3. 国産品→
4. 台所用品→
5. 都道府県→
6. 海外生活→
7. 入学試験→
8. 結婚資金→
9. 大学院進学→
10. 自動車生産台数→

11. 予約席→
12. 研究室→
13. 有名人→
14. 料理番組→
15. 練習問題→
16. 漢字学習→
17. 電話予約→
18. 新入社員→
19. 落石注意→
20. 地下連絡口→

Ⅱ．ヒントを見て、□の中に適当な漢字を書きなさい。

1.

2.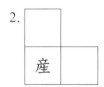

3.

4.

5.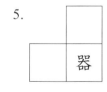

6.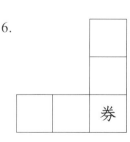

［ヒント］

1.	たて	地名
	よこ	地名
2.	たて	する動詞
	よこ	農・工・商
3.	たて	な形容詞
	よこ	自分で勉強すること
4.	たて	ふとん・まくらなど
	よこ	ペン・ノートなど
5.	たて	コップ・さらなど
	よこ	ピアノ・ギターなど
6.	たて	通学用
	よこ	速い電車

第 36 課
だい　　　　か

 感情を表す漢字 （Expressing Feelings） ·····························
かんじょう　あらわ

人間の心の動き、気持ち、感情をあらわす。
にんげん　こころ　　　　　　　　　　　　かんじょう

＜形容詞＞	＜動詞＞
楽(たの)しい	笑(わら)う
うれしい	喜(よろこ)ぶ

悲(かな)しい　　　　　　悲(かな)しむ
さびしい　　　　　　　　泣(な)く

恥(は)ずかしい　to be ashamed, shy　　怒(おこ)る　to get angry
こわい　to be afraid　　　　　　　　驚(おどろ)く＝びっくりする　to be surprised
うらやましい　envious　　　　　　　うらやむ　to envy
　　　　　　　　　　　　　　　　　　がっかりする　to be disappointed

下の絵を見て、どんな気持ちか、考えてください。
え　　　　　　　　　　　　　　かんが

1. 　2. 　3. 　4.

5.  　6. 　7.

ユニット2 ・・・・・・・・・・・・・・・・・・・・・・・・・・・・・ 第36課の基本漢字

2-1 漢字の書き方 ・・

漢字	意味	くんよみ	オンヨミ	（画数）

400 心 — heart — こころ — シン — （4）

心（こころ）heart, mind　　心理学（しん・リ・がく）psychology
心配（しん・ぱい）する to worry　　関心（かん・しん）interest

401 感 — feel / sense — — カン — （13）

感（かん）じる to feel　　感心（かん・しん）する to be impressed
感覚（かん・かく）sense　　感謝（かん・しゃ）する to thank

402 情 — emotion / condition — なさ-け — ジョウ — （11）

情（なさ）けない shameful, disgraceful　　情報（じょう・ほう）information
感情（かん・じょう）feelings　　愛情（あい・じょう）love, affection

漢字	意味	くんよみ	オンヨミ	（画数）

403

悲　sad

かな-しい
かな-しむ

ヒ

（12）

ノ　フ　ヲ　ヲ　非　非　非　非　非　悲　悲　悲

悲（かな）しい　sad　　　　　　　悲（かな）しむ　to feel sad

悲劇（ひ・げき）　tragedy

404

泣　cry

な-く

（8）

丶　丶　氵　氵　汁　汁　泣　泣

泣（な）く　to cry, to weep　　　　泣（な）き声（ごえ）　cry, sob

＊ animal's cry ＝ 鳴（な）く

405

笑　laugh

わら-う

ショウ

（10）

ノ　ト　ケ　竹　竹　竹　竺　竺　笑　笑

笑（わら）う　to laugh, to smile　　　笑（わら）い　laughter

＊笑顔（えがお）　smile　　　　　苦笑（く・しょう）する　to smile wryly

406

頭　head

あたま

トウ
ズ

（16）

一　一　戸　戸　戸　豆　豆　豆　豆　頭　頭　頭　頭
頭　頭

頭（あたま）　head　　　　　　　頭痛（ず・つう）　headache

頭金（あたま・きん）　down payment　　　頭部（とう・ぶ）　the head

漢字	意味	くんよみ	オンヨミ	（画数）

407

覚　awake / sense

さ-める　おぼ-える　カク
さ-ます　　　　　　　　（12）

覚（おぼ）える　to memorize　　　感覚（かん・かく）sense
目覚（め・ざ）まし時計（どけい）alarm clock　知覚（ち・かく）perception

408

忘　forget

わす-れる　ボウ　　　　（7）

忘（わす）れる　to forget　　　忘年会（ぼう・ねん・かい）year-end party
忘（わす）れ物（もの）something left behind

409

考　think

かんが-える　コウ　　　（6）

考（かんが）える　to think　　　考古学（こう・こ・がく）archaeology
考（かんが）え　thought, idea　　選考（せん・こう）する　to select

2-2 読み練習

Ⅰ. 次の漢字の読み方をひらがなで書きなさい。

1. 覚える　　2. 考える　　3. 忘れる　　4. 泣く　　5. 悲しむ

6. 笑う　　7. 感じる　　8. 心　　9. 感情　　10. 頭

Ⅱ. 次の文を読んでみましょう。

1. 彼が漢字をよく覚えているので、感心した。

2. 目覚まし時計をセットするのを忘れて、遅れました。

3. 人は楽しいときに笑い、悲しいときに泣く。

4. 日本人は年の終わりに友だちと酒を飲んで、悲しいことや

　いやなことを忘れる。これを「忘年会」という。

5. 赤んぼうが泣くことはいい運動ですから、安心してください。

6. 彼女はとても頭がいいが、冷たい人だ。

7. 彼は日本の政治に関心がある。

8. 寒くて、手足の感覚がなくなった。

9. あの子はまだ小さいので、感情のコントロールが下手だ。

10. 京子さんはあまり話さないが、話すときはよく考えて話す。

2-3 書き練習 ....

Ⅰ. 次の□に適当な漢字を書きなさい。

1. heart
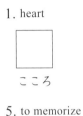
こころ

2. head

あたま

3. to cry

な く

4. to laugh

わら う

5. to memorize

おぼ える

6. to forget
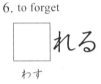
わす れる

7. to think
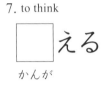
かんが える

8. to feel

かん じる

9. feelings

かん じょう

10. sad

かな しい

Ⅱ. ことばの意味を考えて、適当な漢字を書いてみましょう。

1. to be relieved
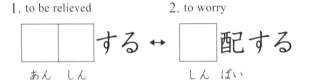 する ↔
あん しん

2. to worry
配する
しん ぱい

3. to be impressed
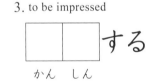 する
かん しん

4. insecure
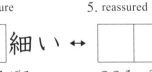 細い ↔
こころ ぼそ

5. reassured
い
こころ づよ

6. sense
かん かく

7. psychology
しん り がく

8. I'd like to express my heartfelt thanks to you all.

みなさんに  から 謝 いたします
こころ　　　　かん しゃ

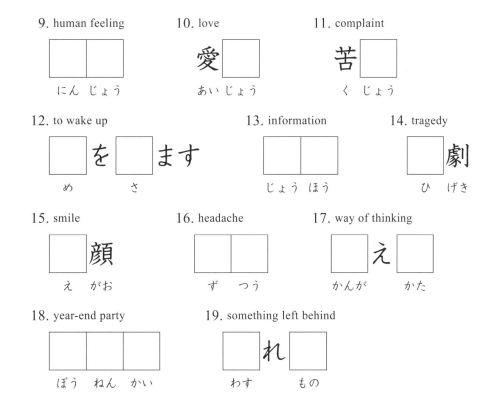

9. human feeling
　にん　じょう

10. love
愛□
あい　じょう

11. complaint
苦□
く　じょう

12. to wake up
□を□ます
め　　　さ

13. information
　じょう　ほう

14. tragedy
□劇
ひ　げき

15. smile
□顔
え　がお

16. headache
　ず　つう

17. way of thinking
□え□
かんが　　かた

18. year-end party
　ぼう　ねん　かい

19. something left behind
□れ□
わす　　もの

Ⅲ. 次の文を習った漢字を使って書きましょう。

1. ぼうねんかいでさけをのみすぎて、ずつうがする。

2. つめたいゆきのなかでしごとをしていると、てのかんかくがなくなる。

3. ははのびょうきがなおって、あんしんした。

4. けんきゅうしつにおなじくにのひとがいるので、こころづよい。

5. テレビやしんぶんがなくて、じょうほうがてにはいりにくい。

ユニット3 ‥‥‥‥‥‥‥‥‥‥‥‥‥‥‥‥‥‥‥‥‥ 読み物

＜体と心＞

あなたの ストレス度 をチェック!!

出発点にある質問に答えてください。

答えが「はい」のときは「——➡」、「いいえ」のときは「----➡」のほうにすすみましょう。

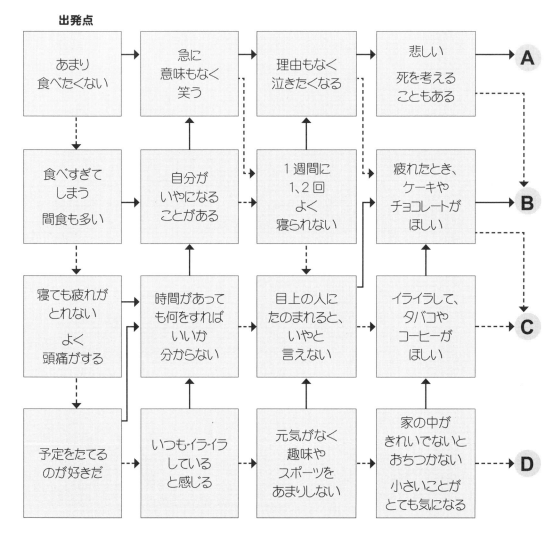

出発点

あまり食べたくない	急に意味もなく笑う	理由もなく泣きたくなる	悲しい死を考えることもある	**A**
食べすぎてしまう　間食も多い	自分がいやになることがある	1週間に1、2回よく寝られない	疲れたとき、ケーキやチョコレートがほしい	**B**
寝ても疲れがとれない　よく頭痛がする	時間があっても何をすればいいか分からない	目上の人にたのまれると、いやと言えない	イライラして、タバコやコーヒーがほしい	**C**
予定をたてるのが好きだ	いつもイラ・イラしていると感じる	元気がなく趣味やスポーツをあまりしない	家の中がきれいでないとおちつかない　小さいことがとても気になる	**D**

＊ストレス　stress (mental, emotional)　　　　〜度　degree of 〜

死　death　　　　　　　　　　　　　　　　　〜がいやになる　to be disgusted with 〜

いやと言う　to say "No"　　　　　　　　　　イライラする　to be irritated, to be nervous

趣味　hobbies

Ⓐ　**ストレス度 80 〜 100%**

　あなたは、ストレスがとても高いグループに入ります。危険！　一番いいことは、すぐに長い休みを取って、どこかへ出かけること。外国に行くか、海や山でのんびり。とにかく気分を変えることが大切です。休みを取っても、家で寝ているだけというのはダメですよ！　生活を朝中心に変えてください。問題がある場合は、専門家に相談しましょう。

Ⓑ　**ストレス度 50 〜 80%**

　あなたはストレスによわいタイプです。今もストレスがたまっています。毎日の食生活をもう一度考えてみてください。チョコレートやケーキなど、あまい物を食べすぎていませんか。カロリーの取りすぎは、イライラの原因です。肉より野菜を食べましょう。休日はアウトドア・ライフを楽しんでください。

Ⓒ　**ストレス度 20 〜 50%**

　あなたのストレス度は、かるいです。それほど大きい問題はありませんから、心配しなくてもいいですが、ストレスがたまらないようにすることは大切です。飲みすぎ、食べすぎには注意しましょう。カラオケで歌う、スポーツをするなどがいいでしょう。

Ⓓ　**ストレス度 0 〜 20%**

　あなたは上手にストレスをコントロールすることができます。いやなことは早く忘れて、何にでも関心を持つことができる人ですね。安心して、楽しい生活を続けてください。

＊危険　danger　　　　　　変える　to change　　　　専門家　specialist
　原因　cause　　　　　　　野菜　vegetables　　　　心配する　to worry
　続ける　to continue

知っていますか できますか

＜体の部分 (Body Parts) ＞

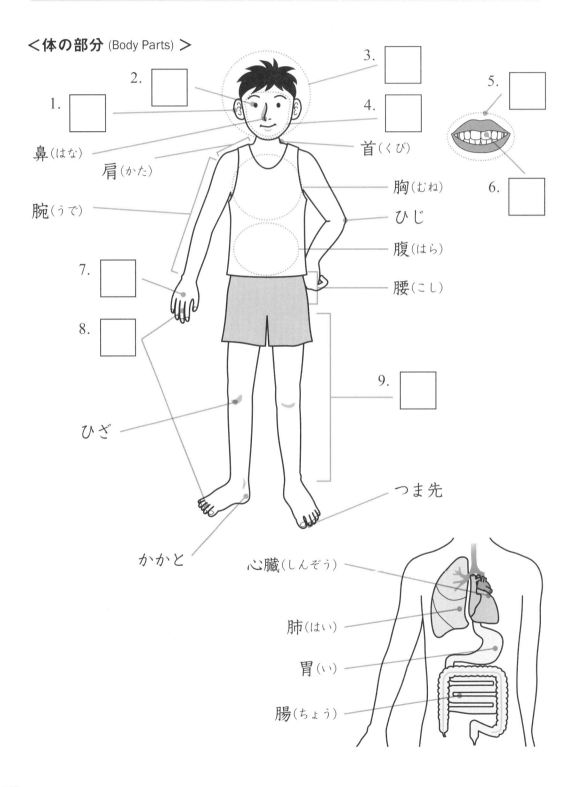

1. ☐　鼻 (はな)

2. ☐

3. ☐

4. ☐

肩 (かた)

首 (くび)

腕 (うで)

胸 (むね)

ひじ

腹 (はら)

腰 (こし)

5. ☐

6. ☐

7. ☐

8. ☐

9. ☐

ひざ

かかと

つま先

心臓 (しんぞう)

肺 (はい)

胃 (い)

腸 (ちょう)

体の部分の名前を覚えましょう。

1. 頭 (あたま)
2. 顔 (かお)
3. 目 (め)
4. 耳 (みみ)
5. 鼻 (はな)
6. 口 (くち)
7. 歯 (は)
8. 首 (くび)
9. 肩 (かた)
10. 胸 (むね)
11. 心臓 (しんぞう)
12. 肺 (はい)
13. 腹 (はら)
14. 胃 (い)
15. 腸 (ちょう)
16. 腰 (こし)
17. 手 (て)・腕 (うで)
18. 指 (ゆび)
19. 足・脚 (あし)

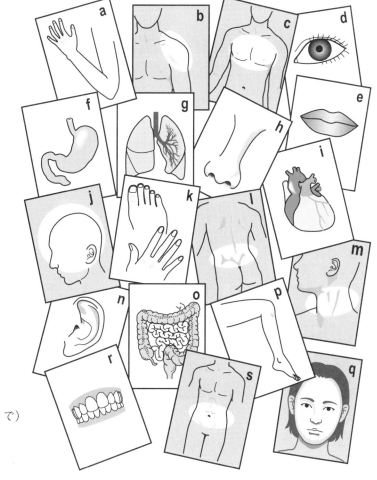

上の漢字の中には、その部首に「月」があるものが多いですね。

この部首は、「肉」をあらわします。

　：胸　肺　腹　腸　腰　腕　脚

　：肩　胃

「臓」の漢字は、内臓 (ないぞう, internal organs) の名前に使われます。

　　心臓 (しんぞう) heart

　　肝臓 (かんぞう) liver

　　すい臓 (すいぞう) pancreas

　　じん臓 (じんぞう) kidney

第 37 課
だい　　　か

動詞の漢字 -5-　自動詞と他動詞 (Verbs -5- Intransitive Verbs and Transitive Verbs)
どうし　　　　　　　じ どう し　　　た どう し

動詞の漢字の中には、送りがながかわると、自動詞から他動詞に、他動詞か
ら自動詞にかわるものがあります。
じ どう し　　　た どう し

子どもたちが集まる
あつ

切手を集める
あつ

家が焼ける
や

パンを焼く
や

次の漢字は、自動詞か他動詞かで読み方が違います。

入　（自）：家の中に入る
はい

　　（他）：本をカバンの中に入れる
い

出　（自）：家の外に出る
で

　　（他）：本をカバンの中から出す
だ

消　（自）：火が消える
き

　　（他）：火を消す
け

144

自動詞	vs.	他動詞
～　が　Vi.		～　が　～　を　Vt.
Intransitive Verbs		Transitive Verbs

1. 　　　　　**-aru**　　　　　　　　　　　　　　**-eru**

止まる　　　　　　　　　　　　止める
閉まる　　　　　　　　　　　　閉める
始まる　　　　　　　　　　　　始める
集まる（あつまる）　　　　　　集める（あつめる）
伝わる（つたわる）　　　　　　伝える（つたえる）
代わる（かわる）　　　　　　　代える（かえる）
変わる（かわる）　　　　　　　変える（かえる）

2. 　　　　　**-u**　　　　　　　　　　　　　　**-eru**

立つ　　　　　　　　　　　　　立てる
開く　　　　　　　　　　　　　開ける
並ぶ（ならぶ）　　　　　　　　並べる（ならべる）
進む（すすむ）　　　　　　　　進める（すすめる）
続く（つづく）　　　　　　　　続ける（つづける）

3. 　　　　　**-u**　　　　　　　　　　　　　　**-asu**

動く　　　　　　　　　　　　　動かす
喜ぶ（よろこぶ）　　　　　　　喜ばす（よろこばす）
驚く（おどろく）　　　　　　　驚かす（おどろかす）

4. 　　　　　**-ru**　　　　　　　　　　　　　　**-su**

通る　　　　　　　　　　　　　通す
渡る　　　　　　　　　　　　　渡す
移る（うつる）　　　　　　　　移す（うつす）

5. 　　　　　**-eru**　　　　　　　　　　　　　　**-u**

割れる　　　　　　　　　　　　割る
折れる　　　　　　　　　　　　折る
焼ける（やける）　　　　　　　焼く（やく）
脱げる（ぬげる）　　　　　　　脱ぐ（ぬぐ）

6. その他：入る／入れる　　出る／出す　　落ちる／落とす
　　　　　乗る／乗せる　　消える／消す　　降りる／降ろす　　など

ユニット2 ∙∙∙∙∙∙∙∙∙∙∙∙∙∙∙∙∙∙∙∙∙∙∙∙∙∙∙∙∙∙ 第37課の基本漢字

2-1 漢字の書き方

漢字	意味	くんよみ	オンヨミ	(画数)

410 伝 | transmit | つた-わる
つた-える | デン | (6)

ノ イ イ 仁 伝 伝

伝(つた)える to inform, to transmit　　伝記(でん・き) biography

*手伝(てつだ)う to help, to assist　　伝言(でん・ごん) message

411 代 | substitute
fee | か-わる
か-える | ダイ
タイ | (5)

ノ イ 仁 代 代

代(か)わる to substitute, to replace　　部屋代(へ・や・だい) rent for a room

時代(じ・だい) era, period　　交代(こう・たい)する to take turns

412 呼 | call | よ-ぶ | コ | (8)

丨 口 口 叮 吁 吁 呼 呼

呼(よ)ぶ to call　　呼吸(こ・きゅう) breath

呼出(よび・だ)し call, summons

漢字	意味	くんよみ	オンヨミ	（画数）

413 焼

漢字	意味	くんよみ	オンヨミ	（画数）
焼	burn	や-ける や-く	ショウ	（12）

′ ′′ ⺌ 火 灯 灶 炷 炷 焼 焼 焼

焼(や)く to burn, to grill

焼(や)き肉(にく) grilled meat

日焼(ひ・や)け suntan, sunburn

全焼(ぜん・しょう)する to be burned down

414 曲

漢字	意味	くんよみ	オンヨミ	（画数）
曲	bend, curve melody	ま-がる ま-げる	キョク	（6）

一 冂 巾 曲 曲 曲

曲(ま)がる to curve, to turn, to be bent

曲線(きょく・せん) curved line

曲(ま)げる to bend

作曲家(さっ・きょく・か) composer

415 脱

漢字	意味	くんよみ	オンヨミ	（画数）
脱	undress escape	ぬ-げる ぬ-ぐ	ダツ／ダッ-	（11）

丿 刀 月 月 肝 肝 肝 脐 脱 脱

脱(ぬ)ぐ to undress, to take off

脱落(だつ・らく)する to drop out

脱出(だっ・しゅつ)する to escape

脱水(だっ・すい)する to dehydrate, to remove water

416 別

漢字	意味	くんよみ	オンヨミ	（画数）
別	separate another	わか-れる	ベツ	（7）

丶 口 口 号 另 別 別

別(わか)れる to part, to separate from

別(べつ)の different, another

特別(とく・べつ)な special

区別(く・べつ) distinction

漢字	意味	くんよみ	オンヨミ	（画数）

417 集
collect
assemble
あつ-まる
あつ-める
シュウ
（12）

ノ イ イ´ 亻 什 作 作 隹 隹 隼 隼 集 集

集（あつ）める to collect　　　集合（しゅう・ごう）する to gather

集（あつ）まる to gather　　　集中（しゅう・ちゅう）する to concentrate

418 並
line up
なら-ぶ　なみ
なら-べる
ヘイ
（8）

丶 丷 丷 半 半 並 並 並

並（なら）ぶ to line up　　　並（なみ）の ordinary

並木（なみ・き）row of trees　　　並列（へい・れつ）parallel

419 喜
joy
pleasure
よろこ-ぶ
キ
（12）

一 十 士 吉 吉 吉 吉 吉 喜 喜 喜 喜

喜（よろこ）ぶ to be glad　　　喜劇（き・げき）comedy

喜（よろこ）び pleasure

420 驚
surprise
おどろ-く
キョウ
（22）

一 十 艹 艹 芍 芍 苟 苟 苟 苟 苟 敬 敬 驚

驚 驚 驚 驚 驚 驚 驚 驚

驚（おどろ）く to be surprised　　　驚異（きょう・い）wonder

驚（おどろ）き surprise

2-2 読み練習

Ⅰ. 次の漢字の読み方をひらがなで書きなさい。

1. 喜ぶ　　2. 驚く　　3. 別れる　　4. 呼ぶ　　5. 伝える

6. 代わる　　7. 焼く　　8. 脱ぐ　　9. 集める　　10. 並ぶ

11. 曲がる　　12. 伝言

Ⅱ. 次の文を読んでみましょう。

1. 朝9時に駅の前に集合するように伝えてください。

2. 留学生を代表して、喜んであいさつさせていただきます。
　　　　　　ひょう

3. 名前を呼ぶまで並んで待っていてください。

4. そのかどを右に曲がると、小さい家が並んでいます。

5. 「友人の代わりに東京へ行く」という伝言を聞いて驚いた。

6. 家に入るとき、脱いだくつをきちんと並べてください。

7. 家が焼けたと聞いて、急いで走ってくつが脱げた。

8. 集まった人の前で彼は特別に1曲歌ってくれました。

2-3 書き練習

Ⅰ. 次の□に適当な漢字を書きなさい。

1. to inform
える
つた

2. to replace
わる
か

3. to call
ぶ
よ

4. to burn
く
や

5. to curve
がる
ま

6. to take off
ぐ
ぬ

7. to part
れる
わか

8. to gather
まる
あつ

9. to line up
ぶ
なら

10. to be glad
ぶ
よろこ

11. to be surprised
く
おどろ

Ⅱ. ことばの意味を考えて、適当な漢字を書いてみましょう。

1. message

でん　ごん

2. biography

でん　き

3. to represent
表する
だい　ひょう

4. cost

だい　きん

5. era

じ　だい

6. breath
吸
こ　きゅう

7. A house burns down.
が全　　する ＝ 　　が全　　　　ける
いえ　　ぜんしょう　　　　いえ　　ぜん　ぶ　や

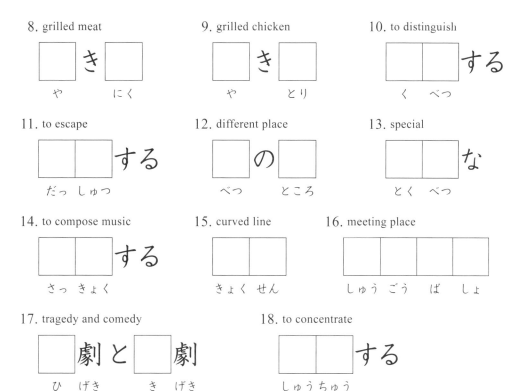

8. grilled meat
□き□
や　にく

9. grilled chicken
□き□
や　とり

10. to distinguish
□□する
く　べつ

11. to escape
□□する
だっ　しゅつ

12. different place
□の□
べつ　ところ

13. special
□□な
とく　べつ

14. to compose music
□□する
さっ　きょく

15. curved line
□□
きょく　せん

16. meeting place
□□□□
しゅう　ごう　ば　しょ

17. tragedy and comedy
□劇と□劇
ひ　げき　き　げき

18. to concentrate
□□する
しゅうちゅう

Ⅲ. 次の文を習った漢字を使って書きましょう。

1. しょうねんじだいには、たのしいおもいでがたくさんある。

2. ここはひとがおおいから、どこかべつのところではなしましょう。

3. にほんのじんこうは、だいとしにしゅうちゅうしている。

4. すみませんが、ちちにでんごんをおねがいします。

5.「えいご」の「えい」と「えいが」の「えい」はべつのかんじです。

ユニット3 ·· 読み物

＜伝言ゲーム＞

学生は2組に分かれて、キャプテンを決める。①まず、キャプテンが伝言文を覚える。時間は3分で、メモをとってもよい。②キャプテンはその伝言文を次の人に伝える。③次の人はその次の人に伝える。④最後の人は聞いた文を紙に書いて、先生に見せる。＊先生はかかった時間、書いた文が正しいかどうか、いくつ漢字を使っているかなどを見て、勝ちを決める。

--- 伝言文 1 ---

きのうの晩、リーさんから電話がありました。頭が痛くて、熱も高いそうです。すぐ車でリーさんの部屋に行きましたが、今朝になっても、熱は下がりません。これから病院に連れていくので、午後のゼミに出られません。山中先生に「欠席する」と伝えてください。

田中　道子

--- 伝言文 2 ---

先週の土曜日に焼き鳥屋でラオさんに会いました。彼は2か月ぐらい国へ帰っていて、前の日に日本へもどったところだと言っていました。あなたが来週こちらへ来ることを話したら、とても喜んで、ぜひ会いたいと言っていましたから、いっしょに飲みませんか。よかったら、来週の日曜日、夕方6時半に駅で待ち合わせをしましょう。

木村　良夫

--- 伝言文 3 ---

今月は旅行したので、お金を全部使ってしまいました。31日にアパートの部屋代を払わなければならないのですが、1万円しかありません。すみませんが、2万5千円ほど貸してもらえませんか。来月の10日にはきっと返します。お願いします。

並木　公一

＊伝言文1〜3のうち、適当なものを選んでやってください。先生はまず、文をそれぞれのキャプテンに見せ、読み終わったら、返してもらってください。読む時は、こえを出さないように注意してください。ゲームが終わってから、みんなに伝言文と学生の書いた文を見せて、説明します。

＜漢字のレタリング (Kanji Lettering) ＞

1. ～ 15. のレタリングはどこで使われていますか。下の場所に番号を入れて
みましょう。

会社 1.	店	その他

道路	病院

1.

2.

3.

4.

5.

6.

7.

8.

9.

10.

11.

12.

13.

14.

15.

第 38 課
だい　　　　か

形容詞の漢字 -3- （Adjectives -3-）
けいようし

イ形容詞の対 つい pairs		
大きい ⟷ 小さい	高い ⟷ 低い
新しい ⟷ 古い	高い ⟷ 安い
長い ⟷ 短い	太い ⟷ 細い
多い ⟷ 少ない	強い ⟷ 弱い
明るい ⟷ 暗い	広い ⟷ 狭い
遠い ⟷ 近い	速い ⟷ 遅い
良い ⟷ 悪い	早い ⟷ 遅い
楽しい ⟷ 悲しい	重い ⟷ 軽い
冷たい ⟷ 熱い	寒い ⟷ 暑い
涼しい ⟷ 暖かい	白い ⟷ 黒い

ナ形容詞の対		
便利だ ⟷ 不便だ	親切だ ⟷ 不親切だ
簡単だ ⟷ 複雑だ	適当だ ⟷ 不適当だ

不規則な対
ふ　きそく
irregular

苦しい ⟷ 楽だ

難しい ⟷ やさしい ／ 簡単だ

正しい ⟷ 間違っている（動詞）

忙しい ⟷ ひまだ

若い ⟷ 年よりだ（名詞）

元気だ ⟷ 病気だ（名詞）

ユニット2　　　…………………………………………　第38課の基本漢字

2-1　漢字の書き方

漢字	意味	くんよみ	オンヨミ	（画数）
421 細	thin slender	ほそ-い こま-かい	サイ	（11）

く　幺　幺　糸　糸　糸　糸　糸　細　細　細

細（ほそ）い　thin, slender 　　　　　細部（さい・ぶ）details

細（こま）かい　small, detailed 　　　細分化（さい・ぶん・か）する　to be specialized

422 太	fat big	ふと-い ふと-る	タイ	（4）

一　ナ　大　太

太（ふと）い　fat, thick 　　　　　太陽（たい・よう）the sun

太（ふと）る　to get fat 　　　　　太平洋（たい・へい・よう）the Pacific Ocean

423 重	heavy important	おも-い	ジュウ	（9）

一　二　千　斤　盲　盲　重　重　重

重（おも）い　heavy 　　　　　体重（たい・じゅう）weight

重大（じゅう・だい）な　important 　　重力（じゅう・りょく）gravity

漢字	意味	くんよみ	オンヨミ	（画数）

424 軽 — light

くんよみ: かる-い　オンヨミ: ケイ　（12）

一 ⼁ 戸 戸 亘 亘 車 軒 軒 軽 軽 軽

軽(かる)い light

軽食(けい・しょく) snack

軽油(けい・ゆ) gasoline, light oil

軽自動車(けい・じ・どう・しゃ) compact car

425 狭 — narrow

くんよみ: せま-い　オンヨミ: キョウ　（9）

ノ 丿 犭 狉 狉 狉 狆 狭 狭

狭(せま)い narrow

狭義(きょう・ぎ) the narrow sense (of a word)

426 弱 — weak

くんよみ: よわ-い　よわ-る　オンヨミ: ジャク　（10）

一 コ 弓 弓 弓 弜 弜 弱 弱 弱

弱(よわ)い weak

弱(よわ)る to weaken

弱気(よわ・き)な timid, pessimistic

弱点(じゃく・てん) weak point

427 眠 — sleep

くんよみ: ねむ-い　ねむ-る　オンヨミ: ミン　（10）

丨 冂 月 月 目 目⁻ 目⁻ 眠 眠 眠

眠(ねむ)い sleepy

眠(ねむ)る to sleep

冬眠(とう・みん) hibernation

安眠(あん・みん) good sleep

漢字	意味	くんよみ	オンヨミ	（画数）

428

苦　pain / bitter

くる-しい　にが-い
くる-しむ　　　　ク　　　（8）

一 十 サ 艹 芌 苎 苦 苦

苦(くる)しい　painful, hard　　　苦(にが)い　bitter
苦(くる)しむ　to suffer　　　苦痛(く・つう)　pain

429

簡　simple / epistle

カン　　　（18）

丿 ⺮ ⺮ ⺮ 竹 竹 笁 筲 筲 節 節 簡 簡 簡

簡 簡 簡 簡

簡単(かん・たん)な　simple, easy
書簡(しょ・かん)　letter

430

単　single

タン　　　（9）

丶 ⺍ ⺍ ⺍ 䒑 当 当 単 単

単(たん)に　only, simply　　　単語(たん・ご)　word
単位(たん・い)　unit, credit　　　単数形(たん・すう・けい)　singular form (of a word)

2-2 読み練習 ....

Ⅰ．次の漢字の読み方をひらがなで書きなさい。

1. 細い　　2. 太い　　3. 重い　　4. 軽い　　5. 眠い

6. 細かい　　7. 苦しい　　8. 狭い　　9. 弱い　　10. 苦い

11. 簡単な

Ⅱ．次の文を読んでみましょう。

1. グラムは重さの単位で、センチメートルは長さの単位です。

2. 私はこのごろ太って、体重が5キロも重くなりました。

3. きのうの晩、胸（むね）が苦しくて、眠れませんでした。

4. 太平洋（へい）、大西洋、インド洋を三大洋という。

5. 軽自動車は狭い道でも簡単に走れるから便利だ。

6. この子は手足も細いし、体も弱いし、いつも病気で苦しんでいる。

7. すみませんが、1万円を細かくしてくださいませんか。

8. この単語の意味が分かりません。

9. この苦い薬を飲むと、よく眠れる。

2-3 書き練習

Ⅰ. 次の□に適当な漢字を書きなさい。

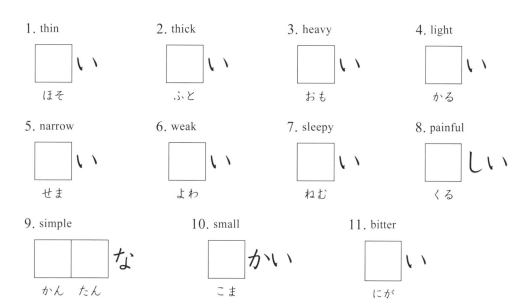

1. thin
□い
ほそ

2. thick
□い
ふと

3. heavy
□い
おも

4. light
□い
かる

5. narrow
□い
せま

6. weak
□い
よわ

7. sleepy
□い
ねむ

8. painful
□しい
くる

9. simple
□□な
かん　たん

10. small
□かい
こま

11. bitter
□い
にが

Ⅱ. ことばの意味を考えて、適当な漢字を書いてみましょう。

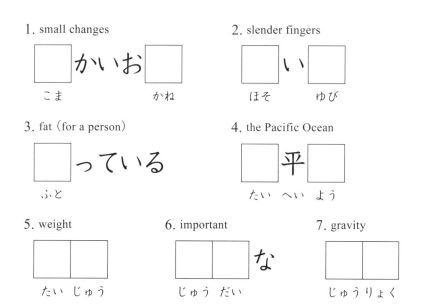

1. small changes
□かいお□
こま　　　　かね

2. slender fingers
□い□
ほそ　ゆび

3. fat (for a person)
□っている
ふと

4. the Pacific Ocean
□平□
たい　へい　よう

5. weight
□□
たい　じゅう

6. important
□□な
じゅう　だい

7. gravity
□□
じゅうりょく

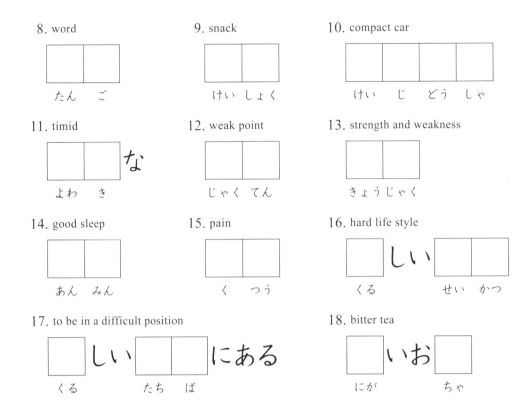

8. word
たん　ご

9. snack
けい　しょく

10. compact car
けい　じ　どう　しゃ

11. timid
よわ　き　な

12. weak point
じゃく　てん

13. strength and weakness
きょうじゃく

14. good sleep
あん　みん

15. pain
く　つう

16. hard life style
くる　しい　せい　かつ

17. to be in a difficult position
くる　しい　たち　ば　にある

18. bitter tea
にが　いお　ちゃ

Ⅲ．次の文を習った漢字を使って書きましょう。

1. もりたさんはふとっているが、からだがよわい。

2. こまかいおかねがないので、ひゃくえんかしてください。

3. くるしいせいかつをしているがくせいがおおい。

4. えんだかについて、わかりやすくかんたんにせつめいしなさい。

5. こんげつは、じゅうだいなニュースがおおかった。

ユニット3 ‥‥‥‥‥‥‥‥‥‥‥‥‥‥‥‥‥‥ 読み物

＜おいしくて簡単！ カニ玉 (Crab Omelet) の作り方＞

材料 ingredients：

卵（＝玉子）(egg) .... 3個 (three)

カニ (crab) 80g

ねぎ (spring onion) .... 少々

しょうが (ginger) .... 少々

片栗粉 (starch) .... 小さじ (teaspoon) 1

.... 大さじ (tablespoon) 1

酒 大さじ1

塩 (salt) 小さじ1/2

油 大さじ4

しいたけ (mushroom) 1まい

グリーンピース 大さじ1

スープ カップ2/3

A　砂糖 (sugar) 小さじ1

酢 (vinegar) 小さじ2

しょうゆ (soy sauce) 大さじ1

作り方：①材料を切る。ねぎとしょうがは細かく、しいたけは細く切る。

②卵をとき、カニ、ねぎ、しょうがを入れ、塩（小さじ1/2）と酒（大さじ1）と片栗粉（小さじ1）を水（大さじ1）でといたものに加えて、よくまぜる。

③中華なべに油（大さじ4）を入れ、強火で熱して、②でまぜたものを1度に流し入れる。

④手早くかきまぜる。

⑤半分ぐらい固まったら、火を弱くして、卵を円形にまとめ、ひっくり返す。

⑥強火にして、焼き色をつけ、皿にのせる。

⑦あんを作る。片栗粉（大さじ1）をなべに入れ、スープでとかす。Aを入れて、煮る。

⑧カニ玉にあんをかけて、できあがり。

＊なべ saucepan　　中華なべ wok　　皿 plate　　あん sauce

＊料理でよく使う動詞：

切る to cut

とく to beat（an egg）

まぜる to mix

かきまぜる to stir up

加える to add
くわ

流し入れる to pour

固まる to become hard, to set
かた

固める to harden (something)
かた

とける to melt

とかす to dissolve

ひっくり返す to turn over

熱する to heat
ねっ

煮る to boil
に

焼く to bake, to grill

炒める to fry lightly
いた

蒸す to steam
む

かける to pour on, to put on

（細かく切る）

（細く切る）

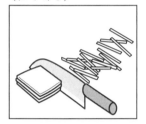

（かきまぜる）

（ひっくり返す）

（書いてみよう）あなたの国の簡単な料理の作り方を説明してみましょう。

料理の名前：＿＿＿＿＿＿＿＿＿＿＿＿＿＿

材料：

作り方：

知っていますか できますか

＜洋服についている記号 (Washing Clothes) ＞

1. せんいの種類 Types of Fabric

綿 cotton　　毛 wool　　麻 linen　　絹 silk　　合成皮革 synthetic leather
めん　　　　け　　　　あさ　　　　きぬ　　　　ごうせい ひかく

ポリエステル polyester　　アクリル acrylic　　ナイロン nylon

2. 洗濯の仕方 how to wash
せんたく

*現在では新しい記号になっています。

水温40℃以下 (less than)
／洗濯機の弱水流で洗う
いか

 30℃以下／手で洗う

ドライクリーニングができる

 水で洗ってはいけない

 アイロンは高温 (180〜210℃)
でかけ、あてぬの (cloth) を使う

 アイロンは低温 (80〜120℃) で
かける

 手で弱くしぼる (to squeeze)

 塩素系 (chlorine) の漂白剤 (bleach)
えん そ けい　　　　ひょうはくざい

 日かげ (in the shade) のつり干し
(hang dry) がよい
ぼ

 日かげの平干し (lay flat to dry) が
ひら ぼ
よい

[問題] この洋服は、どのように洗ったら
いいですか。

本 体	毛	65%
	アクリル	27%
	ナイロン	8%
皮革部分	合成皮革	

(書いてみよう) あなたの洋服についている記号を見て、洗い方を書いてみましょう。

第 39 課
だい か

ユニット1 .... 漢字の話

空港建設 （Airport Construction）
くうこうけんせつ

出国ゲート

セキュリティチェック

手荷物宅配
サービス

出発ロビー

入国審査

到着ロビー

チェックインカウンター

○○空港 新ビル建設中

完成予定 20XX年8月

ユニット2 ・・・・・・・・・・・・・・・・・・・・・・・・・・ 第39課の基本漢字

2-1 漢字の書き方

漢字	意味	くんよみ	オンヨミ	（画数）

431

| 空 | sky, air
empty, vacant | あ-く　　そら
あ-ける | クウ | （8） |

丶　ハ　宀　空　空　空　空　空

空（そら）the sky　　　　　　空気（くう・き）air

空席（くう・せき）vacant seat　　　空間（くう・かん）space

432

| 港 | port
harbor | みなと | コウ | （12） |

丶　冫　氵　汀　汀　洪　洪　洪　洪　港　港

港（みなと）harbor, port　　　　空港（くう・こう）airport

港町（みなと・まち）port town　　出港（しゅっ・こう）する to leave port

433

| 飛 | fly | と-ぶ
と-ばす | ヒ | （9） |

乁　乁　乁　飞　飞　飛　飛　飛　飛

飛（と）ぶ to fly　　　　　　飛行機（ひ・こう・き）airplane

飛行場（ひ・こう・じょう）airfield　飛行船（ひ・こう・せん）airship

漢字	意味	くんよみ	オンヨミ	（画数）

434 階

floor
step

カイ

（12）

⁷ ³ ³ ³⁻ ³⁻ ³ᵗ ³ᵗ ³ᵗ ³ᵗ ³ᵗ ³ᵗ 階 階 階

～階（かい）～ floor

階段（かい・だん）stairs

1階（いっ・かい）the first floor

段階（だん・かい）stage, step

435 建

build
construct

た-つ
た-てる

ケン

（9）

⁷ ⁷ ⁷ ⁷ ⁷ ⁷ 聿 律 建 建

建（た）つ to be built

建（た）てる to build

建物（たて・もの）building

建設（けん・せつ）する to construct

436 設

set up
establish

セツ／セッ-

（11）

⸌ ⸍ ⸍ ⸍ ⸍ 言 言 訓 設 設 設

設計（せっ・けい）する to plan, to design

設立（せつ・りつ）する to establish, to found

設定（せっ・てい）する to set

設備（せつ・び）equipment

437 完

complete

カン

（7）

⸍ ⸍ 宀 宀 宇 宇 完

完全（かん・ぜん）な perfect, complete

完成（かん・せい）する to complete

完了（かん・りょう）する to finish, to complete

漢字	意味	くんよみ	オンヨミ	（画数）

438

成　form, emerge　な-る／なり　セイ　（6）

丿 厂 厃 成 成 成

成人（せい・じん） adult　　　成功（せい・こう）する to succeed

成立（せい・りつ）する to be organized　　　成田（なり・た） Narita

439

費　cost expense　ヒ　（12）

一 一 弓 弗 弗 弗 弗 費 費 費 費 費

費用（ひ・よう） expenses　　　交通費（こう・つう・ひ） transportation expenses

食費（しょく・ひ） food expenses　　　学費（がく・ひ） school expenses

440

放　release let go　はな-す　ホウ　（8）

丶 亠 方 方 方 扩 放

手放（て・ばな）す to part with, to let go of　　　開放（かい・ほう）する to open

放送（ほう・そう）する to broadcast

2-2 読み練習 ....

Ⅰ．次の漢字の読み方をひらがなで書きなさい。

1. 空　　2. 港　　3. 飛ぶ　　4. 建てる　　5. 空港

6. 費用　　7. 4階　　8. 完成する　　9. 放送する

10. 建設する　　11. 成り立つ

Ⅱ．次の文を読んでみましょう。

1. 成田空港から筑波まで車で１時間半ぐらいです。

2. 飛行機に乗ると、早く着くが、費用が高くなる。

3. 建設中の新空港は来年の10月に完成する予定だ。

4. そのホテルは40階建てのモダンな建物で、かなりの建設費が

　かかった。

5. 先週テレビで放送された映画は、仕事がなくて港町を出て

　いく若者の話だった。

6. 1月の第2月曜日は「成人の日」です。二十歳になった人を

　成人といいます。

7. この建物を設計した人は、有名な建築家で飛行機も持っている。

8. 私の部屋は2階で、階段を上ってすぐ右にあります。

2-3 書き練習 ···

I. 次の□に適当な漢字を書きなさい。

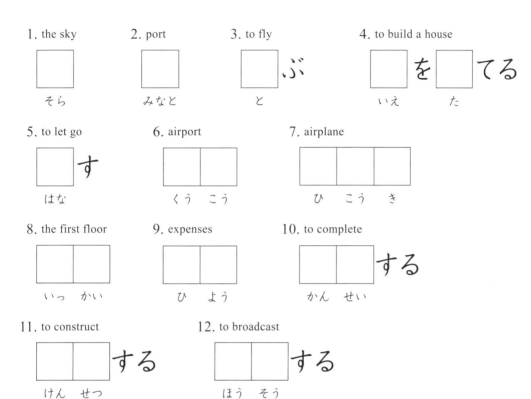

1. the sky
□
そら

2. port
□
みなと

3. to fly
□ぶ
と

4. to build a house
□を□てる
いえ　　た

5. to let go
□す
はな

6. airport
□□
く　う　こ　う

7. airplane
□□□
ひ　こ　う　き

8. the first floor
□□
いっ　かい

9. expenses
□□
ひ　よう

10. to complete
□□する
かん　せい

11. to construct
□□する
けん　せつ

12. to broadcast
□□する
ほう　そう

II. ことばの意味を考えて、適当な漢字を書いてみましょう。

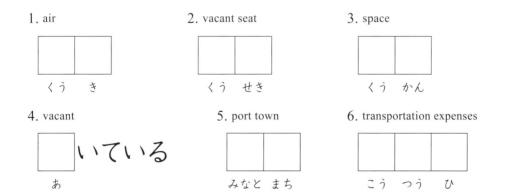

1. air
□□
く　う　き

2. vacant seat
□□
く　う　せき

3. space
□□
く　う　かん

4. vacant
□いている
あ

5. port town
□□
みなと　まち

6. transportation expenses
□□□
こう　つう　ひ

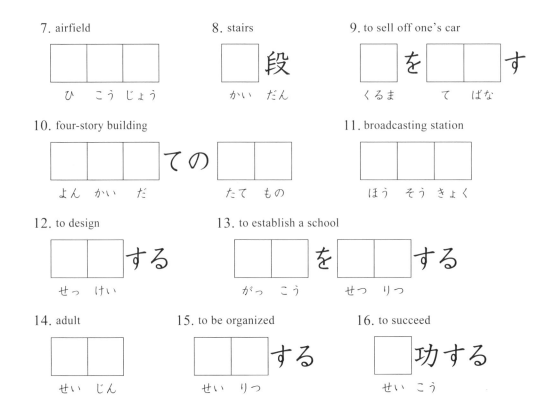

7. airfield
ひ　こう　じょう

8. stairs
かい　だん　段

9. to sell off one's car
くるま　を　て　ばな　す

10. four-story building
よん　かい　だ　ての

たて　もの

11. broadcasting station
ほう　そう　きょく

12. to design
せっ　けい　する

13. to establish a school
がっ　こう　を　せつ　りつ　する

14. adult
せい　じん

15. to be organized
せい　りつ　する

16. to succeed
せい　こう　功する

Ⅲ. 次の文を習った漢字を使って書きましょう。

1. ふねがみなとをでることをしゅっこうといいます。

2. あいているせきのことをくうせきといいます。

3. でんしゃだいやバスだいなど、のりものにかかるひようのことを

こうつうひといいます。

4. ひこうきがはっちゃくするところをくうこうといいます。

5. 二十歳になったひとをお祝いするひをせいじんのひといいます。
　　は　た　ち　　　　　　　　　　いわ

ユニット3 ・・・・・・・・・・・・・・・・・・・・・・・・・・・・・・・・・・・ 読み物

＜成田空港＞

　成田国際空港は、千葉県成田市にあり、成田空港とも呼ばれている。成田空港は、1977年に第1期工事が終わり、4000メートルの滑走路1本と、旅客ターミナルと貨物ターミナルが完成した。そして、次の年に開港したが、2本目の滑走路は、はじめの計画よりかなり遅れ、2002年4月にオープンした。2014年度に発着した飛行機は1日平均629便で、旅客9万7千人、貨物5598トンを運んだ。

　成田空港と都心を結ぶ交通機関は、主に電車とバスである。東京駅からは、JR線の特急成田エクスプレスや快速エアポート成田、上野駅からは京成特急スカイライナーが出ている。電車は時間が正確で、料金もそれほど高くないが、重い荷物を持って移動するのはたいへんである。一方、東京近くの主要な駅からはリムジンバスが運行しており、直通で便利だが、都内は道路がいつも混んでいて、時間がかかる。空港が都心から遠すぎるというのが多くの利用者の意見である。

＊国際 international	千葉県 Chiba Prefecture	第1期 the 1st period
滑走路 runway	貨物 air cargo	平均 average
快速 rapid train	京成（線）Keisei Line	正確な punctual
移動する to move	一方 on the other hand	主要な main
直通 non-stop service	混む to be crowded	利用者 user

[問題] リムジンバスと電車の長所と短所をそれぞれ書きなさい。

	長　所	短　所
リムジンバス		時間がかかる
電車		

知っていますか できますか

＜どこの国？ (Kanji Names for Foreign Countries)＞

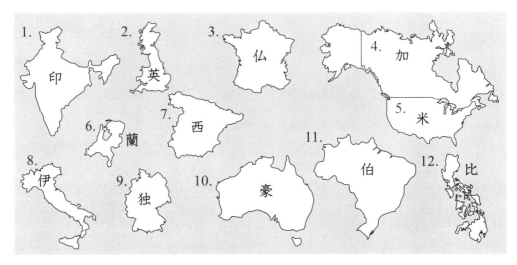

外国の国名や地名はふつうカタカナで書きますが、新聞などでは漢字の略語
(abbreviation) を使うことがあります。（　）内の表記は一例です。

米（亜米利加）	アメリカ	
伊（伊太利）	イタリア	
印（印度）	インド	
蘭（阿蘭陀）	オランダ	
豪（濠太剌利）	オーストラリア	
加（加奈陀）	カナダ	

西（西班牙）	スペイン
独（独逸）	ドイツ
比（比律賓）	フィリピン
仏（仏蘭西）	フランス
伯（伯剌西爾）	ブラジル
欧州	ヨーロッパ

[問題]　つぎのことばの意味がわかりますか。

1. 来日する
2. 渡米する
3. 訪中する
4. 欧州旅行
5. 英仏海峡
6. 独首相

7. 全豪オープンテニス
8. 和文英訳
9. 印パ合同委員会
10. 英・独・西・伊・中・韓・露・日　各国語
11. 西和辞典・中日辞典
12. 前比大統領

第 40 課
だい　　か

ユニット1 ···························· 漢字の話

地理で使われる漢字（Geographical Features）

地図には地形を表すいろいろなことばがたくさん出ています。どんなものが
あるか見てみましょう。

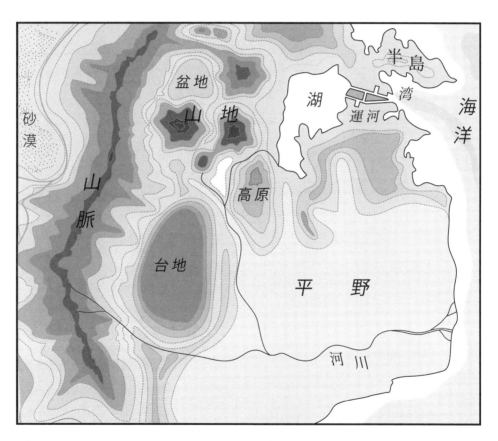

平野（へいや）plain

台地（だいち）plateau

半島（はんとう）peninsula

高原（こうげん）highlands

山地（さんち）mountainous area

海洋（かいよう）the ocean

砂漠（さばく）desert　　山脈（さんみゃく）mountain range　　盆地（ぼんち）basin

運河（うんが）canal　　湖（みずうみ）lake　　河川（かせん）river

湾（わん）bay

ユニット2 ・・・・・・・・・・・・・・・・・・・・・・・・・・・・・ 第40課の基本漢字

2-1 漢字の書き方

漢字	意味	くんよみ	オンヨミ	（画数）

441

位 | position rank | くらい | イ | （7）

ノ　イ　イ　代　位　位　位

位（くらい）rank　　　　　学位（がく・い）academic degree

第一位（だい・いち・い）first place　　　地位（ち・い）position

442

置 | put place | お-く | チ | （13）

置（お）く　to put, to set, to lay　　　置（お）き時計（どけい）table clock

位置（い・ち）position, location　　　設置（せっ・ち）する　to establish

443

横 | horizontal side, wide | よこ | オウ | （15）

横

横（よこ）side, width　　　横断（おう・だん）crossing

横浜（よこ・はま）Yokohama　　　横転（おう・てん）する　to turn over

漢字	意味	くんよみ	オンヨミ	（画数）

444

向 direction / turn toward

む-く　　む-こう　　　コウ
む-ける　　　　　　　　　　　　　　（6）

ノ　イ　冂　向　向　向

向（む）く to turn toward
向（む）こう the other side, over there

南向（みなみ・む）き facing south
方向（ほう・こう） direction

445

原 plain / original

はら　　　　　　　　　　ゲン
　　　　　　　　　　　　　　　　　　（10）

一　厂　厂　厂　厡　厏　盾　原　原　原

野原（の・はら） field, plain
原因（げん・いん） cause

原子（げん・し） atom
高原（こう・げん） highlands, heights

446

平 flat / calm

たい-ら　　　　　　　　ヘイ
　　　　　　　　　　　　ビョウ　　　（5）

一　一　ニ　立　平

平（たい）らな flat, even
平野（へい・や） plain

平日（へい・じつ） weekday
平等（びょう・どう） equality

447

野 field

の　　　　　　　　　　　ヤ
　　　　　　　　　　　　　　　　　　（11）

丨　口　日　日　甲　里　里　野　野　野　野

野山（の・やま） hills and fields
野菜（や・さい） vegetables

分野（ぶん・や） field (of study)
野球（や・きゅう） baseball

漢字	意味	くんよみ	オンヨミ	（画数）

448 風

wind
manner

かぜ　　　　　　　　　　　　　フウ　　　　（9）

丿 凡 凡 凡 凧 凩 風 風 風

風（かぜ）wind

風邪（かぜ）cold, flu

台風（たい・ふう）typhoon

和風（わ・ふう）Japanese-style

449 両

both
money

リョウ　　　　（6）

一 丆 丙 両 両 両

両親（りょう・しん）one's parents

両替（りょう・がえ）exchange (of currency)

車両（しゃ・りょう）vehicle, car

両方（りょう・ほう）both

450 橋

bridge

はし　　　　　　　　　　　　キョウ　　　　（16）

一 十 才 才 杧 杧 杼 杯 杯 桥 桥 橋 橋
橋 橋

橋（はし）bridge

歩道橋（ほ・どう・きょう）pedestrian bridge

鉄橋（てっ・きょう）steel bridge

2-2　読み練習 ···

Ⅰ．次の漢字の読み方をひらがなで書きなさい。

1. 風　　2. 向き　　3. 横　　4. 橋　　5. 両方　　6. 置く

7. 位置　　8. 方向　　9. 平野　　10. 高原　　11. 台風

Ⅱ．次の文を読んでみましょう。

1. いろいろな専門分野の研究者が集まって会議を開いた。
   ^{せん}

2. 和風の料理と洋風の料理と、どちらが好きですか。

3. 日本は太平洋の西に位置している。

4. この土地は１平方メートル当たり５万円ぐらいです。

5. 地図で見ると、この平野は、東に高原、北に山地があり、西

   が海に面しているので、風が強そうだ。

6. 台風が西南の方向から接近しているから、外に出るときは
   approaching

   強風に注意してください。

7. 彼は原子力発電所で働いている。

8. この銀行のATMでの引き出しは、平日は９時から６時まで

   無料です。土日は手数料がかかります。

9. 私の両親は野球もサッカーも好きで、両方ともよくテレビで
   ^{きゅう}

   見ています。

10. この野原の向こうにきれいな花畑がある。

11. 橋を渡って、地理学研究所の横を入ると、郵便局があります。
    ^{ゆう}

2-3 書き練習 ··

Ⅰ．次の□に適当な漢字を書きなさい。

1．location

い　ち

2．direction

ほう　こう

3．side

よこ

4．bridge

はし

5．wind

かぜ

6．plain

へい　や

7．one's parents

りょう　しん

8．to turn toward

む

Ⅱ．ことばの意味を考えて、適当な漢字を書いてみましょう。

1．academic degree

がく　い

2．position

ち　い

3．steel bridge

てっ　きょう

4．Yokohama

よこ　はま

5．to put

お

6．ornament

おき　もの

7．exchange (of currency)

りょう　がえ

8．both

りょう　ほう

9．the other side

む

10．facing south
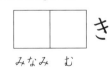
みなみ　む

11．field (of study)
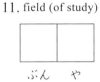
ぶん　や

12．field, plain

の　はら

13．vegetables

や　さい

14．cause

げん　いん

15．highlands

こう　げん

16．raw material

げん　りょう

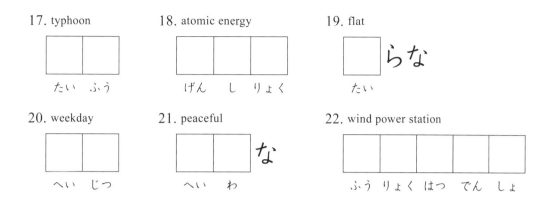

17. typhoon

□□
たい　ふう

18. atomic energy

□□□
げん　し　りょく

19. flat

□らな
たい

20. weekday

□□
へい　じつ

21. peaceful

□□な
へい　わ

22. wind power station

□□□□□
ふう　りょく　はつ　でん　しょ

Ⅲ．次の文を習った漢字を使って書きましょう。

1. かんとうちほうにたいふう9ごうがちかづいています。

2. こんやはへいやぶでもおおあめになるでしょう。

3. ごご4じのいちは、伊豆はんとうのみなみ30キロのかいじょうです。
   　い　ず

4. たいふうはふうそく20メートルのスピードでほくほくとうにむかって

   すすんでいます。

5. よこはまにすんでいるりょうしんからでんわがあって、

   「かぜがつよくなってきたから、いえがしんぱいだ」といっていました。

ユニット3 ･･ **読み物**

＜日本＞

　日本は太平洋の西に位置している島国で、まわりは全部海にかこまれている。北海道、本州、四国、九州という4つの大きな島と、たくさんの小さな島からできている。南北の長さは約3000キロメートル、面積は37万平方キロメートルである。東は太平洋、西は日本海で、外国とは直接接していない。

　日本は山国で、地図を見ると、平らな部分が海の近くに少ししかないのがよくわかる。国土の3分の2が山地である。山地のほとんどは火山の活動によってできたもので、今でも活動している火山も多く、その近くには温泉もあって、旅行者が多い。

　平野の部分には人がたくさん住んでいる。日本で一番広い平野は関東平野である。日本の首都、東京は関東平野の中心部にあって、日本の人口の10分の1にあたる約1200万人がこの大都市に集中している。

＊全部　all
〜平方キロメートル　〜square kilometers
接する　to touch
温泉　hot spring

本州　Honshu

国土　country, territory
首都　capital

面積　area, square measure
直接　direct
3分の2　two thirds, 2/3
〜にあたる　to be equal to 〜

［質問］

　1. 日本の人口はどのくらいですか。

　2. 温泉はどんな所にありますか。

　3. 日本には平地と山地とどちらが多いですか。その割合はどのくらいですか。

　4. 日本の面積はどのくらいですか。

書いてみよう　あなたの国の地理について書いてみましょう。

復習
ふく しゅう

Review Lesson 36-40

‖‖‖‖‖‖‖‖‖‖‖‖‖‖‖‖‖‖‖‖‖ ‖‖‖‖‖‖‖‖‖‖‖‖‖‖‖‖‖‖‖‖‖

N： 心　頭　横　港　橋　風　空　(関)心　情(報)

(時)代　単位　空港　費(用)　位置　(方)向

原(子)　(分)野　平野　両(親)

A： 細い　太い　重い　軽い　狭い　弱い　悲しい

眠い　苦しい　細かい　苦い

NA： (特)別な　簡単な

V： 感じる　泣く　笑う　覚える　忘れる　考える

伝える　代わる　呼ぶ　焼く　曲がる　脱ぐ

(手)伝う　集める　並べる　別れる　喜ぶ　驚く

飛ぶ　建てる　置く

VN： 完成する　放(送)する　集(中)する　建設する

Suffix： ～階　～代　　　　　　　　　　　　　　　(51字)

Ⅰ． 次の漢字語は、「する」をつけて動詞として使うことができますか、
「な」をつけて形容詞として使うことができますか。両方できないときは、
「×」と書きなさい。

1. 感情（　　　　）　　　　11. 通知（　　　　）

2. 伝言（　　　　）　　　　12. 位置（　　　　）

3. 方向（　　　　）　　　　13. 空港（　　　　）

4. 簡単（　　　　）　　　　14. 建設（　　　　）

5. 高原（　　　　）　　　　15. 特別（　　　　）

6. 完成（　　　　）　　　　16. 安眠（　　　　）

7. 関心（　　　　）　　　　17. 重大（　　　　）

8. 平野（　　　　）　　　　18. 両方（　　　　）

9. 集中（　　　　）　　　　19. 費用（　　　　）

10. 弱点（　　　　）　　　　20. 放送（　　　　）

Ⅱ． 形が似ている漢字 Similar-looking kanji

1. かんが　　もの

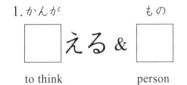

to think　　person

2. なに　　む　　おな

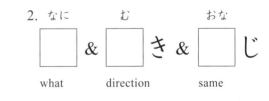

what　　direction　　same

3. くらい　　な

rank　　to cry

4. たい　　はん　　く

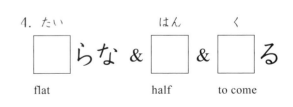

flat　　half　　to come

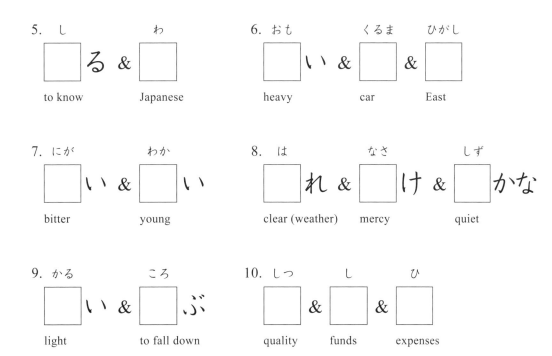

5. し□る & わ□
to know　　　　Japanese

6. おも□い & くるま□ & ひがし□
heavy　　　car　　　East

7. にが□い & わか□い
bitter　　　young

8. は□れ & なさ□け & しず□かな
clear (weather)　mercy　quiet

9. かる□い & ころ□ぶ
light　　　to fall down

10. しつ□ & し□ & ひ□
quality　funds　expenses

Ⅲ. 正しいものを選びなさい。

1. 山田先生の (a. 研空室　b. 研究室　c. 研究屋) の横に何がありますか。

2. 新しいビルを (a. 建誌　b. 建説　c. 建設) 中だ。

3. 都市の地下には、水道やガスの (a. 大い　b. 太い　c. 犬い) パイプが

通っている。

4. 新幹線の (a. 運転手　b. 運軽手　c. 運輪手) になりたい。

5. あそこを右に (a. 田がって　b. 由がって　c. 曲がって) ください。

6. このコンピューターの使い方は (a. 笑単　b. 簡単　c. 間単) です。

7. 小さい女の子が (a. 忘いて　b. 悲いて　c. 泣いて) いる。

8. すみませんが、田中さんに (a. 伝言　b. 仁言　c. 位言) をお願いします。

IV. 同じ音の漢字 Kanji of the same 'ON' reading

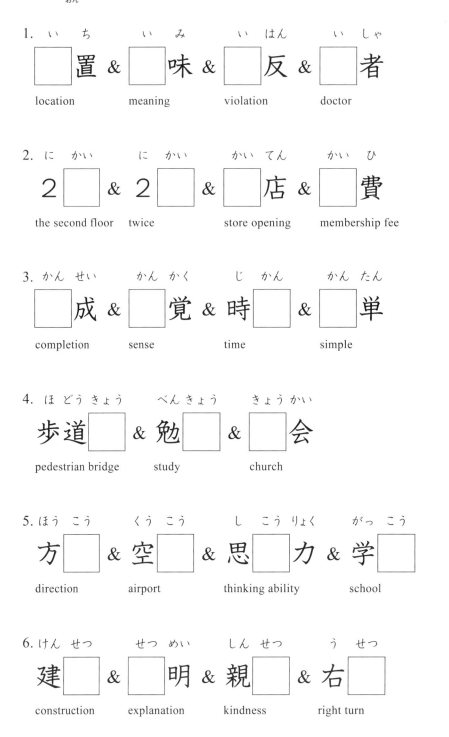

1. い ち ＆ い み ＆ い はん ＆ い しゃ

   ☐ 置 ＆ ☐ 味 ＆ ☐ 反 ＆ ☐ 者

   location   meaning   violation   doctor

2. に かい ＆ に かい ＆ かい てん ＆ かい ひ

   2 ☐ ＆ 2 ☐ ＆ ☐ 店 ＆ ☐ 費

   the second floor   twice   store opening   membership fee

3. かん せい ＆ かん かく ＆ じ かん ＆ かん たん

   ☐ 成 ＆ ☐ 覚 ＆ 時 ☐ ＆ ☐ 単

   completion   sense   time   simple

4. ほ どう きょう ＆ べん きょう ＆ きょう かい

   歩道 ☐ ＆ 勉 ☐ ＆ ☐ 会

   pedestrian bridge   study   church

5. ほう こう ＆ くう こう ＆ し こう りょく ＆ がっ こう

   方 ☐ ＆ 空 ☐ ＆ 思 ☐ 力 ＆ 学 ☐

   direction   airport   thinking ability   school

6. けん せつ ＆ せつ めい ＆ しん せつ ＆ う せつ

   建 ☐ ＆ ☐ 明 ＆ 親 ☐ ＆ 右 ☐

   construction   explanation   kindness   right turn

ほかにも音読みが同じ漢字はたくさんあります。

この本の終わりに「音訓索引」がありますから、さがしてみましょう。
おんくんさくいん

第 41 課
だい　　　か

| ユニット1 | ·························· 漢字の話 |

漢語 -2- （Kanji Compounds -2-）

漢字を組み合わせていろいろなことばを作ることができます。

老人（ろうじん）elderly person
老化（ろうか）aging
老後（ろうご）one's old age

ふたつの漢字の意味から a. b. のことばの意味を考えて、c. の中に適当な
漢字を入れてことばを作りなさい。

1.
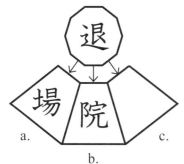

2.
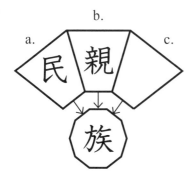

3.
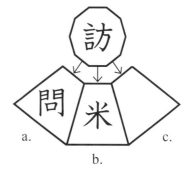

4.
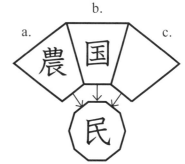

ユニット2 ･･････････････････････････ 第 41 課の基本漢字

2-1 漢字の書き方 ･･････････････････････････････････････

漢字	意味	くんよみ	オンヨミ	（画数）

451

老　old

お-いる　　　　　　　　　　　ロウ　　（6）

一　十　土　耂　耂　老

老（お）いる to get old　　　敬老（けい・ろう）の日（ひ）Respect for the Elderly Day
老人（ろう・じん）elderly person　　老化（ろう・か）する to age

452

族　family

ゾク　　（11）

丶　亠　う　方　方　方　方　旅　旅　族

家族（か・ぞく）family　　　民族学（みん・ぞく・がく）ethnology
民族（みん・ぞく）people, ethnic group　　水族館（すい・ぞく・かん）aquarium

453

配　supply deliver

くば-る　　　　　　　　　　　ハイ／-パイ　　（10）

一　厂　厂　西　西　西　酉　配　配　配

配（くば）る to distribute, to hand out　　心配（しん・ぱい）する to worry
配達（はい・たつ）する to deliver　　分配（ぶん・ぱい）する to distribute, to share

漢字	意味	くんよみ	オンヨミ	（画数）

454 術　technique / art　　ジュツ　（11）

ノ　ノ　彳　彳　什　彳　休　休　休　術　術

手術（しゅ・じゅつ）operation　　技術（ぎ・じゅつ）technique, skill

美術（び・じゅつ）fine arts　　芸術家（げい・じゅつ・か）artist

455 退　retreat　しりぞ-く　タイ　（9）

フ　ヨ　ヨ　尸　艮　艮　辶　退　退

退（しりぞ）く to retreat　　退社（たい・しゃ）する to leave the office, to resign

退学（たい・がく）する to drop out of school　　退院（たい・いん）する to leave the hospital

456 効　effect　き-く　コウ　（8）

丶　亠　亠　六　方　交　効　効

効（き）く to work on, to be effective　　有効（ゆう・こう）valid

効果（こう・か）effect　　無効（む・こう）invalid

457 民　people / folk　　ミン　（5）

コ　コ　尸　民　民

国民（こく・みん）the people, the nation　　難民（なん・みん）refugee

市民（し・みん）citizen　　民主主義（みん・しゅ・しゅ・ぎ）democracy

漢字		意味	くんよみ	オンヨミ	（画数）

458 訪 | visit | たず-ねる / おとず-れる | ホウ | （11）

| ` | 二 | 二 | 言 | 言 | 言 | 言 | 言` | 訂 | 訪 | 訪 | | | |

訪（たず）ねる to call on, to visit   訪問（ほう・もん）する to visit

訪（おとず）れる to visit   訪米（ほう・べい）する to visit the U.S.A.

459 顔 | face | かお | ガン | （18）

| 丶 | 亠 | 亠 | 立 | 立 | 产 | 产 | 彦 | 彦 | 彦 | 彦 | 顏 | 顔 |
| 顔 | 顔 | 顔 | 顔 | | | | | | | | | |

顔（かお） face   洗顔（せん・がん）する to wash one's face

顔色（かお・いろ） complexion, color   顔面（がん・めん） face

460 歯 | tooth | は | シ | （12）

| 丨 | 卜 | 止 | 止 | 步 | 步 | 歩 | 歩 | 歩 | 歯 | 歯 | | |

歯（は） tooth   歯科医（し・か・い） dentist

歯（は）ブラシ toothbrush   歯車（は・ぐるま） gear

2-2 読み練習

Ⅰ．次の漢字の読み方をひらがなで書きなさい。

1. 老人   2. 家族   3. 国民   4. 顔   5. 歯

6. 心配する ↔ 安心する   7. 退院する ↔ 入院する

8. 手術　　　9. 効果　　　10. 有効　↔　無効　　　11. 訪ねる

Ⅱ．次の文を読んでみましょう。

1. 彼女は顔色が悪いから、家族がみんな心配している。

2. 父は病院で手術を受けて、先週退院した。

3. 老人ホームにいる老いた母を訪ねる。

4. 横田先生の専門は民族学で、よくアジアの国々を訪問する。
　　　　　　せん

5. 来週の土曜日から市民ホールで美術展が開かれる。
　　　　　　　　　　　　　　　　　てん

6. この薬は頭痛に効くと書いてあるが、飲んでも効果がない。

7. 駅前で若い男がティッシュを配っている。

8. ひさしぶりに先生のお宅を訪ね、お元気そうな顔を見て、

　安心しました。

2-3 書き練習 ···

Ⅰ．次の□に適当な漢字を書きなさい。

1. to wash one's face　　　2. to have a toothache　　　3. to call on

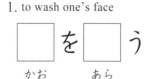 

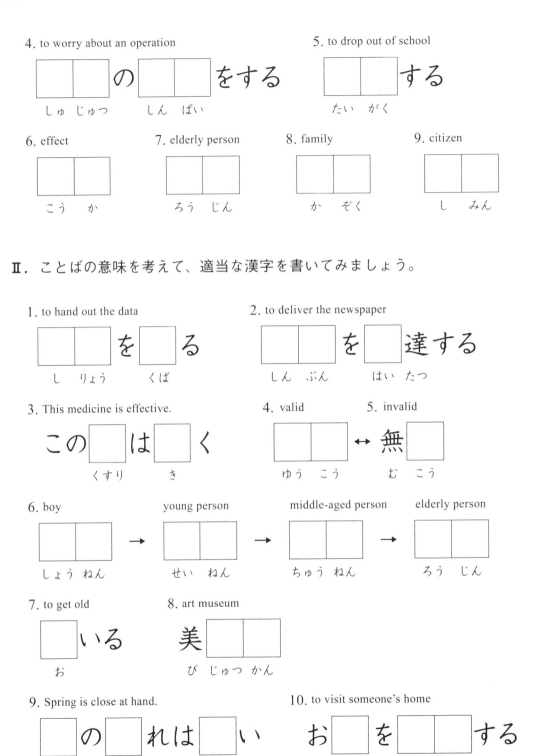

4. to worry about an operation

□□ の □□ をする

しゅ じゅつ　　しん ぱい

5. to drop out of school

□□ する

たい がく

6. effect

□□

こう か

7. elderly person

□□

ろう じん

8. family

□□

か ぞく

9. citizen

□□

し みん

Ⅱ. ことばの意味を考えて、適当な漢字を書いてみましょう。

1. to hand out the data

□□ を □ る

し りょう　　くば

2. to deliver the newspaper

□□ を □ 達する

しん ぶん　　はい たつ

3. This medicine is effective.

この □ は □ く

くすり　　き

4. valid

□□ ↔

ゆう こう

5. invalid

無 □

む こう

6. boy

□□ →

しょう ねん

young person

□□ →

せい ねん

middle-aged person

□□ →

ちゅう ねん

elderly person

□□

ろう じん

7. to get old

□ いる

お

8. art museum

美 □□

び じゅつ かん

9. Spring is close at hand.

□ の □ れは □ い

はる　　おとず　　ちか

10. to visit someone's home

お □ を □□ する

たく　　ほう もん

190

11. resident

じゅう みん

12. multi-ethnic nation

た みん ぞく こっ か

Ⅲ. 次の文を習った漢字を使って書きましょう。

1. あさ、かおをあらって、はをみがく。

2. にんげんのろうかは、20だいからはじまっているといわれる。

3. このくには、たみんぞくこっかである。

4.「とうきょうへきたら、かおをみせてください」といわれたので、

ひさしぶりにせんせいのおたくをたずねた。

5. びょういんでしゅじゅつをうけて、たいいんするまであと3しゅうかん

ぐらいかかる。

6. このパスポートはらいねんの3がつまでゆうこうです。

ユニット3 .... 読み物

＜おばあさんと女の子＞

おばあさんが町でころんで、足にけがをしました。近くにいた人が電話で救急車を呼びました。すぐ病院から家族に連絡がありました。家族はとても心配して、急いで病院へ行きました。

医者は家族に説明しました。「今日、簡単な手術をします。手術後3週間は歩けません。それからリハビリをします。まだ外は寒いですから、病院でゆっくりリハビリして、3月ごろ退院したらいかがですか。」「リハビリは老人にも効果があるんですか。」奥さんが聞きました。「そうですね。老人といってもまだ65歳ですから、少しずつやれば、1か月ぐらいで元気になりますよ。時々訪ねてあげてください。」

医者は、小さい女の子に「きみもお花を持って、おばあちゃんの顔を見に来てね」と言って、白い歯を見せて笑いました。

次の週、女の子は両親と見舞いに行きました。病院へ行く前に、近くの花屋によりました。「そのピンクのバラはいくらですか。」「これは1本500円です。今は寒いからね。春になると、安くなるんですけど。」女の子はしばらく考えてから言いました。「じゃあ、1本ください。」

女の子はピンクのバラを1本持って、おばあさんに会いに行きました。おばあさんはとても喜びました。「退院したら、いっしょに花畑へ行こうね」とおばあさんはにっこり笑いました。

＊救急車 ambulance　　　リハビリ＝リハビリテーション rehabilitation　　　〜歳 ~ years old
見舞いに行く to visit a sick person　　　〜による to drop in (to a place)　　　バラ rose
にっこり笑う to smile cheerfully

[質問]

1. おばあさんはどうして入院しましたか。

2. 手術の後どのくらいしたら、歩いてもいいですか。

3. リハビリは何週間ぐらいですか。

4. どうして女の子は花を1本だけ持っていったと思いますか。

知っていますか できますか

＜電気器具の表示 (Using Appliances) ＞

1. エアコン　air conditioner

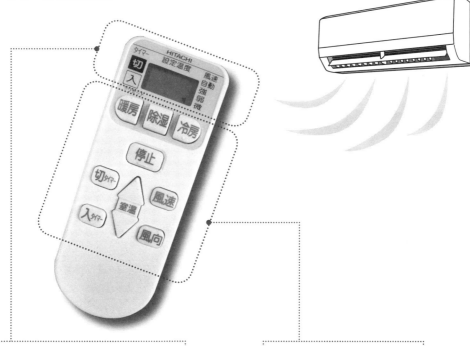

切　Off

入　On

設定温度　Set (Room) Temperature

風速　Fan Speed

自動　Automatic

強　High

弱　Medium

微　Low

暖房　Heat

除湿　Dehumidify

冷房　Cool

停止　Stop

室温　Room Temperature

風向　Fan Direction

2. コインランドリー laundromat, coin laundry

洗濯乾燥機 washer-dryer
せんたくかんそうき
全自動 fully automatic
ぜんじどう

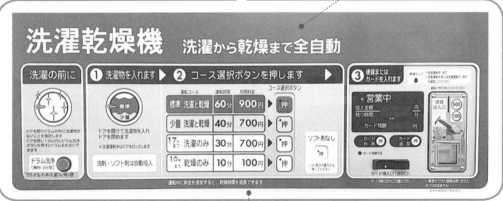

[洗濯の前に]
せんたく
　ドラム洗浄 self-clean (sterilizes interior of machine)
　　せんじょう
　無料：2分間 no charge, 2 minutes
　むりょう

[①洗濯物（laundry）を入れます]
　せんたくもの
　洗剤・ソフト剤 detergent and fabric softener
　せんざい　　ざい
　自動投入 released automatically (according to cycle)
　　とうにゅう

[②コース選択ボタン（cycle selection button）を押します]
　　　せんたく
　運転コース wash cycle　　運転時間 length of cycle　　利用料金 charge

　標準 standard cycle　　少量 small load
　ひょうじゅん　　　　　しょうりょう
　17キロまで洗濯のみ wash only (up to 17 kg)
　　　　　　せんたく
　10キロまで乾燥のみ dry only (up to 10 kg)
　　　　　　かんそう
　ソフト剤なし no fabric softener
　　　ざい

[③硬貨（coins）またはカードを入れます]
　こうか
　営業中 in use　　投入金額 charge inserted
　　　　　　　きんがく
　カード挿入口（返却口）card slot (return)
　　そうにゅうぐち　へんきゃくぐち

第 42 課
だい か

大学のカリキュラム（University Curriculums）

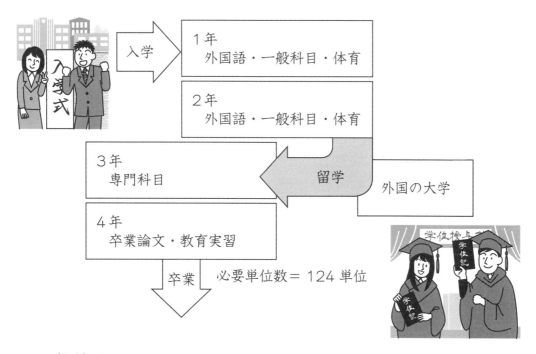

一般科目 （いっぱんかもく） general subjects

専門科目 （せんもんかもく） major subjects

    選択科目 （せんたくかもく） elective subjects

    必修科目 （ひっしゅうかもく） required subjects

    実験 （じっけん） experiments

    野外調査 （やがいちょうさ） field work

卒業論文 （そつぎょうろんぶん） graduation thesis

教育実習 （きょういくじっしゅう） student teaching

卒業 （そつぎょう） graduation

必要 （ひつよう） necessary, required

単位 （たんい） credit

ユニット 2 ………………………………… 第 42 課の基本漢字

2-1 漢字の書き方 ……………………………

漢字	意味	くんよみ	オンヨミ	（画数）

461

卒　graduate

ソツ　(8)

丶　亠　宀　六　夻　夲　卒　卒

卒業(そつ・ぎょう)する to graduate　　大卒(だい・そつ) university graduate
卒業生(そつ・ぎょう・せい) graduate

462

論　discuss theory

ロン　(15)

丶　二　言　言　言　言　言　訃　訃　訃　論　論　論

論

論文(ろん・ぶん) thesis, paper　　理論(り・ろん) theory
議論(ぎ・ろん)する to discuss　　論理(ろん・り) logic

463

実　real fruit

み
みの-る

ジツ／ジッ-　(8)

丶　宀　宀　宇　宇　宔　実　実

実(みの)る to bear fruit　　実験(じっ・けん)する to experiment
事実(じ・じつ) fact　　実用的(じつ・よう・てき)な practical

漢字	意味	くんよみ	オンヨミ	（画数）

464 調　research / tone　しら-べる　チョウ　（15）

` ゛ ニ ≡ 言 言 言 訂 訓 訵 詷 調 調 調
調

調（しら）べる　to check, to examine
調査（ちょう・さ）する　to investigate
調子（ちょう・し）　condition, tone
調和（ちょう・わ）　harmony

465 必　necessary　かなら-ず　ヒツ　（5）

` ソ 义 必 必

必（かなら）ず　certainly, without fail
必修科目（ひっ・しゅう・か・もく）　required subjects
必要（ひつ・よう）な　necessary

466 要　require / summarize　い-る　ヨウ　（9）

一 厂 戸 両 西 覀 要 要 要

要（い）る　to need
要求（よう・きゅう）する　to demand
重要（じゅう・よう）な　important
要点（よう・てん）　the main point

467 類　kind　　ルイ　（18）

` ゛ ニ 半 米 米 米 兰 类 米 类 类 頻 類
類 類 類 類

書類（しょ・るい）　papers, documents
分類（ぶん・るい）する　to classify
親類（しん・るい）　relative
類義語（るい・ぎ・ご）　synonym

漢字	意味	くんよみ	オンヨミ	（画数）

468 得 | gain / acquire | え-る | トク | （11）

ノ　ク　彳　彳　彳　彳　彳　得　得　得　得

得（え）る　to get, to gain, to acquire　　所得（しょ・とく）income

得意（とく・い）な　to be good at, proud　　説得（せっ・とく）する　to persuade

469 失 | lose | うしな-う | シツ／シッ- | （5）

ノ　╰　┗　失　失

失（うしな）う　to lose　　失業（しつ・ぎょう）する　to lose one's job

失礼（しつ・れい）な　impolite, rude　　失敗（しっ・ぱい）する　to fail

470 礼 | thanks / etiquette / bow | | レイ | （5）

丶　ラ　ネ　ネ　礼

礼（れい）　thanks, etiquette, bow　　お礼（れい）　thanks, reward

礼服（れい・ふく）formal wear　　無礼（ぶ・れい）な　rude

2-2 読み練習

Ⅰ. 次の漢字の読み方をひらがなで書きなさい。

1. 卒業する　　2. 実験する　　3. 失礼する　　4. 論文

5. 書類　　6. 必要な　　7. 得意な　　8. 調べる

9. 必ず　　10. お礼

Ⅱ. 次の文を読んでみましょう。

1. コンピュータの調子が悪いので、調べてみてください。

2. 事実は小説よりもおもしろい。

3. 日本の大学では卒業する前に卒業論文を書く。

4. 試験を受けるのに必要な書類がたくさんある。

5. 都会に住む若い人たちは失業して所得がないので、

　　アルバイトで生活している。

6. 部屋に入るときも出るときも「失礼します」と言う。

7. 重要な点は後から必ずお知らせします。

8. 実験の結果を論文にまとめる。

2-3 書き練習 ....

Ⅰ. 次の□に適当な漢字を書きなさい。

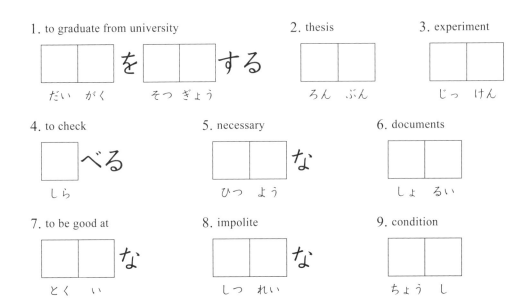

1. to graduate from university
□□を□□する
だい がく　そつ ぎょう

2. thesis
□□
ろん ぶん

3. experiment
□□
じっ けん

4. to check
□べる
しら

5. necessary
□□な
ひつ よう

6. documents
□□
しょ るい

7. to be good at
□□な
とく い

8. impolite
□□な
しつ れい

9. condition
□□
ちょう し

Ⅱ. ことばの意味を考えて、適当な漢字を書いてみましょう。

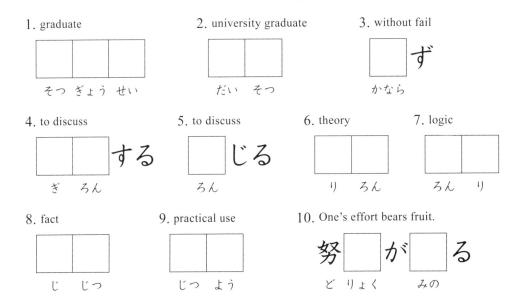

1. graduate
□□□
そつ ぎょう せい

2. university graduate
□□
だい そつ

3. without fail
□ず
かなら

4. to discuss
□□する
ぎ ろん

5. to discuss
□じる
ろん

6. theory
□□
り ろん

7. logic
□□
ろん り

8. fact
□□
じ じつ

9. practical use
□□
じつ よう

10. One's effort bears fruit.
努□が□る
ど りょく　みの

11. to say a word of thanks

を　　　う

れい　　　い

12. to investigate

査する

ちょう　さ

13. important

な

じゅう　よう

14. to demand

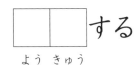

する

よう　きゅう

15. the main point

よう　てん

16. to gain

る

え

17. income

しょ　とく

18. to lose one's job

する

しつ　ぎょう

19. to fail

敗する

しっ　ぱい

Ⅲ．次の文を習った漢字を使って書きましょう。

1. このろんぶんのようてんをまとめなさい。

2. そのじっけんは、かならずよいけっかがえられるでしょう。

3. わたしのいちねんかんのしょとくは、やく500まんえんです。

4. このへやのかぐは、ちょうわがとれていない。

5. とうきょうをあんないしてもらったおれいに、ゆうはんをごちそうした。

ユニット3 .... 読み物

＜お願いの手紙＞

拝啓

木々の若葉が美しい季節になりました。先生はお元気でいらっしゃいますか。

おかげさまで、この三月に無事大学を卒業することができました。在学中には、たいへんお世話になりました。あらためてお礼を申し上げます。

さて、先生には何度かご相談しましたが、在学中より考えていた米国留学が、何とか実現できそうです。今、アルバイトのかたわら、ミシガン大学大学院の言語学部への申込書を準備しています。書類はだいたい整い、今、研究計画書を書いているところです。

申し込みには推薦者の評価が必要なのですが、先生に推薦者をお願いできますでしょうか。評価は、申し込んだ大学から

送られてくるアドレスに、先生の教育歴などとともに、推薦する学生の大学院での適性を評価して、入力するものです。書類の書き込みは、十分ほどでできる簡単なものです。お引き受け願えれば、先生のお名前とメールアドレスを申込書に書かせていただきます。締め切りの期日が迫っておりますので、まことに勝手ではございますが、四月末までにお返事をいただけるとありがたく思います。どうぞよろしくお願いいたします。

敬具

二〇二三年四月二十三日

原一夫先生

平野礼子

＊手紙の書式については第25課を見ること。（ふうとうの書き方は第20課）

＊若葉 young leaves
　おかげさまで thanks to you
　在学中 during college
　あらためて again
　実現する to fulfill, to realize
　申込書 application form
　推薦者 recommender
　教育歴 teaching experience
　書き込み filling (in)
　締め切り deadline
　迫る to approach

季節 season
無事 safely, smoothly, without incident
お世話になる to receive assistance or support
お礼を申し上げる to say a word of thanks
かたわら on the side, in one's spare time
整う to be ready, to be prepared
評価 evaluation
適性 aptitude
引き受ける to take on (a request or task)
期日 date
勝手 to be selfish

（書いてみよう）上の手紙のようにお願いの手紙を書いてみましょう。

知っていますか できますか

＜履歴書 (Japanese Résumé) の書き方＞
りれきしょ

1. 黒インキまたはボールペンを使用すること。

2. 本籍（国籍）one's legal address, nationality
ほんせき
　　東京、北海道、京都などと記入すること。外国の国籍を有する場合には、
　　　　　　　　　　　　　　　　　　　　　　　　　　　　　ゆう
　　その国名を記入すること。

3. 学歴 higher education　　高校卒業以上を記入すること。

（例）

	2011 年 4 月	○○高校　入学
学歴（高校卒以上）	2014 年 3 月	○○高校　卒業
	2014 年 4 月	○○大学○○学部○○学科　入学
	2018 年 3 月	○○大学○○学部○○学科　卒業
	2018 年 4 月	○○大学大学院○○研究科○○課程○○専攻　入学
	2020 年 3 月	○○大学大学院○○研究科○○課程○○専攻　修了

4. 学位 academic degree

（例）

学位	2020 年 3 月 20 日	○○修士／○○博士 ○○大学

5. 職歴 employment
しょくれき
　　会社名、大学名、研究所名と職名などを記入すること。

6. その他業績 other work
　　　ぎょうせき
　　本人の専門、研究分野に関連した論文、受賞などの主なもの。
　　　　せんもん　　　　　　　　　　　　　　じゅしょう

履　歴　書

（　　年　　月　　日現在）

ふりがな 氏　名		（男・女）	本籍（国籍）

西暦 　　年　　月　　日生 　　　（　　才）	現住所 　　　　　　　電話（　　）　　－

学 歴 高 校 卒 以 上	年　月卒業	○○高校
	年　月入学 　年　月卒業	○○大学○○学部○○学科
	年　月入学 　年　月修了	○○大学大学院○○研究科○○課程○○専攻
	年　月入学 　年　月修了	
学 位	年　月　日	○○修士／○○博士　○○大学

	年　月　日	職　歴
〜	年　月　日 　年　月　日	
〜	年　月　日 　年　月　日	

年　月	そ　の　他　業　績

第43課
だい　か

変化を表す漢字 （Verbs for Change）
へんか　あらわ

第21課で「-する動詞」を勉強しました。次のことばは変化を表す「-する動詞」です。

増加：	増える	＋	加える	＝	増加する
ぞうか	ふ to increase		くわ to add		to increase
減少：	減る	＋	少なくなる	＝	減少する
げんしょう	へ to decrease		to become few		to decrease
変化：	変わる	＋	化ける	＝	変化する
へんか	か to change		ば to disguise		to change

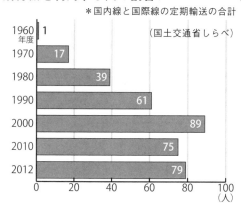

飛行機を利用する人の割合（人口100人あたり）
＊国内線と国際線の定期輸送の合計
（国土交通省しらべ）

（『日本のすがた2014』矢野恒太記念会, 2014）

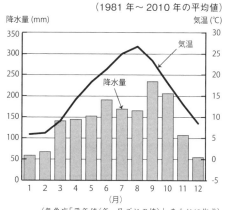

横浜の気温と降水量（月平均）
（1981年～2010年の平均値）

（気象庁「平年値（年・月ごとの値）」をもとに作成）

移動：	移る	＋	動く	＝	移動する
いどう	うつ to transfer		to move		to move
連続：	連なる	＋	続く	＝	連続する
れんぞく	つら to line up		つづ to continue		to continue
進歩：	進む	＋	歩く	＝	進歩する
しんぽ	すす to move forward		to walk		to progress

ユニット 2 .... 第 43 課の基本漢字

2-1 漢字の書き方 ....

漢字	意味	くんよみ	オンヨミ	（画数）

471 増

increase
add

ふ-える　ま-す
ふ-やす

ゾウ

（14）

一 十 ナ ナ゛ ナ゛ ナ゛ 圵 増 増 増 増 増 増

増（ふ）える　to increase

増（ま）す　to gain, to increase

増（ふ）やす　to add, to increase

増加（ぞう・か）する　to increase

472 加

add

くわ-わる
くわ-える

カ

（5）

フ カ カ 加 加

加（くわ）わる　to join

参加（さん・か）する　to participate

加（くわ）える　to add

加工（か・こう）する　to process

473 減

decrease

へ-る
へ-らす

ゲン

（12）

丶 冫 冫 氵 汀 汀 沂 泟 減 減 減

減（へ）る　to decrease

減少（げん・しょう）する　to decrease

減（へ）らす　to reduce, to decrease

半減（はん・げん）する　to be reduced by half

漢字	意味	くんよみ	オンヨミ	（画数）

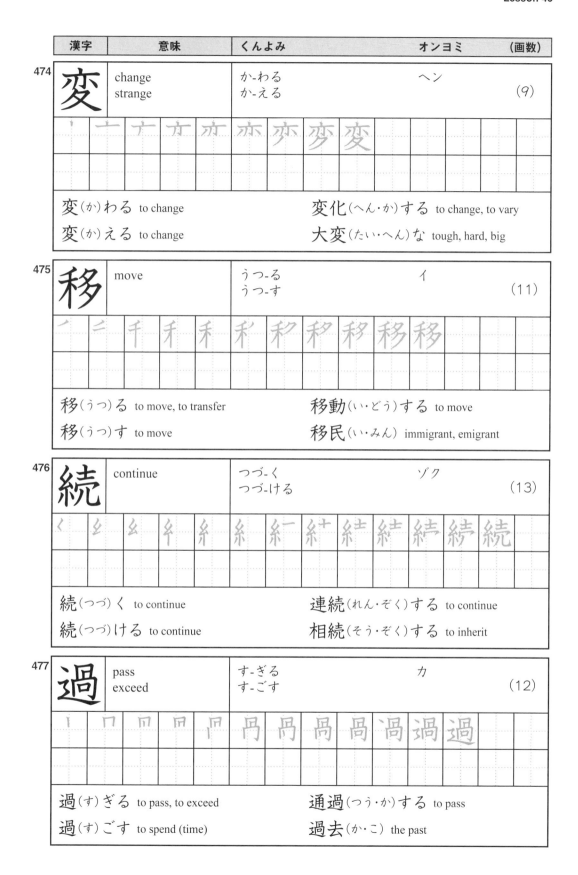

474 変 change / strange

か-わる
か-える

ヘン

(9)

一 一 ナ 亣 亦 亦 変 変

変(か)わる to change
変(か)える to change

変化(へん・か)する to change, to vary
大変(たい・へん)な tough, hard, big

475 移 move

うつ-る
うつ-す

イ

(11)

一 二 千 禾 禾 禾 秒 移 移 移 移

移(うつ)る to move, to transfer
移(うつ)す to move

移動(い・どう)する to move
移民(い・みん) immigrant, emigrant

476 続 continue

つづ-く
つづ-ける

ゾク

(13)

く ㄠ ㄠ 乡 糸 糸 糾 紂 結 結 続 続 続

続(つづ)く to continue
続(つづ)ける to continue

連続(れん・ぞく)する to continue
相続(そう・ぞく)する to inherit

477 過 pass / exceed

す-ぎる
す-ごす

カ

(12)

丨 冂 冋 冎 咼 咼 咼 咼 咼 過 過 過

過(す)ぎる to pass, to exceed
過(す)ごす to spend (time)

通過(つう・か)する to pass
過去(か・こ) the past

漢字	意味	くんよみ	オンヨミ	（画数）

478 進

advance

すす-む
すす-める

シン

（11）

ノ イ イ´ 彳 什 件 隹 隹 ゛准 准 進

進（すす）む　to move forward, to advance

進歩（しん・ぽ）する　to progress

進（すす）める　to go ahead, to promote

先進国（せん・しん・こく）advanced country

479 以

from, than

イ

（5）

1 乚 以 以 以

以上（い・じょう）more than

以前（い・ぜん）before (a given point), previously

以下（い・か）less than

以降（い・こう）after (a given point)

480 美

beauty

うつく-しい

ビ

（9）

丷 丷 丷 羊 羊 羊 羊 美 美

美（うつく）しい　beautiful

美容院（び・よう・いん）beauty parlor

美人（び・じん）beautiful woman

美術（び・じゅつ）fine arts

2-2 読み練習

Ⅰ. 次の漢字の読み方をひらがなで書きなさい。

　1. 増える　　2. 減る　　3. 増加する　　4. 加える

　5. 変化する　　6. 移る　　7. 続く　　8. 変わる　　9. 過ぎる

　10. 進む　　11. 以上　　12. 以下　　13. 美しい

Ⅱ. 次の文を読んでみましょう。

　1. 1950年以降、子どもの数が減少し、老人の人口が増加している。

　2. この川の流れの変化は、過去50年間なかった。

　3. 医学の進歩によって多くの病気が治せるようになった。

　4. インターネットでカット代が5000円以下の美容院をさがす。

　5. 加える水を増やしたり減らしたりして、実験を続けた。

　6. 今3時5分過ぎです。あの時計は少し進んでいます。

　7. 空港のロビーで大変美しい山の写真を見た。

　8.「男心と秋の空」や「女心と秋の空」というのは、変わりやすい

　　という意味だ。

2-3 書き練習

Ⅰ. 次の□に適当な漢字を書きなさい。

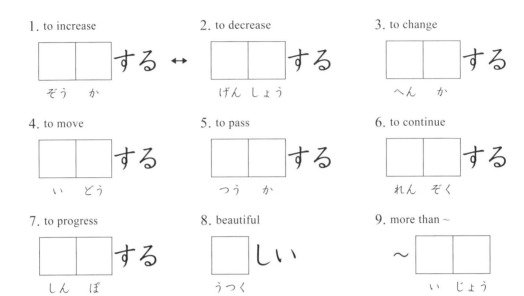

1. to increase
□□する ↔

ぞう　か

2. to decrease
□□する

げん　しょう

3. to change
□□する

へん　か

4. to move
□□する

い　どう

5. to pass
□□する

つう　か

6. to continue
□□する

れん　ぞく

7. to progress
□□する

しん　ぽ

8. beautiful
□しい

うつく

9. more than ～
～□□

い　じょう

Ⅱ. ことばの意味を考えて、適当な漢字を書いてみましょう。

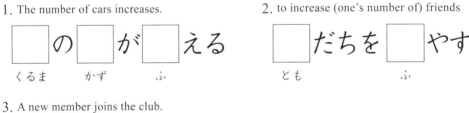

1. The number of cars increases.
□の□が□える

くるま　　かず　　ふ

2. to increase (one's number of) friends
□だちを□やす

とも　　　　ふ

3. A new member joins the club.

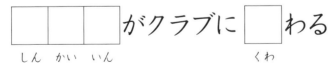

□□□がクラブに□わる

しん　かい　いん　　　　くわ

4. to add salt

塩を□える

しお　くわ

5. to join the United Nations

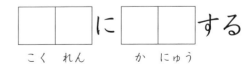

□□に□□する

こく　れん　　か　にゅう

6. to go ahead with a plan

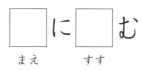

□□ を □ める
けい かく　　すす

7. to move forward

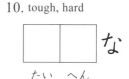

□ に □ む
まえ　　すす

8. the past

□ 去
か こ

9. Winter passed.

□ が □ ぎた
ふゆ　　す

10. tough, hard

□□ な
たい へん

11. to change a schedule

□□ を □ える
よ てい　　か

12. to move to Tokyo

□□ へ □ る
とう きょう　　うつ

13. to migrate

□□ に □□ する
かい がい　　い じゅう

Ⅲ. 次の文を習った漢字を使って書きましょう。

1. がいこくじんりょこうしゃのかずがねんねんふえている。

2. 1945 ねんいこう、にほんじんのかんがえかたやせいかつは、おおきく

へんかした。

3. 5 ねんれんぞくして、むらのじんこうがげんしょうしている。

4. まいとしすずしいこうげんでなつをすごす。

5. とうきょうへうつってから、ずっといそがしいひがつづいている。

ユニット3 ‥‥‥‥‥‥‥‥‥‥‥‥‥‥‥‥‥‥‥‥‥‥‥‥ **読み物**

＜日本人の食生活＞

日本人の食生活は、この50年で大きく変化した。右の表は、日本人1人が一日に食べている食品の量（g）をくらべたものである。

まずカロリーは、1960年からの20年間で270キロカロリー増えたが、2010年ではまた減っている。同じように1980年には増えて2010年には減った食品は、野菜と魚である。

1960年とくらべて、1980年に大きく増え

表1　日本人の1日あたりの食品量の変化(g)

	1960年	1980年	2010年
カロリー (kcal)	2,291	2,562	2,436
米	315	216	163
小麦	71	88	90
いも	101	79	97
野菜	273	309	242
果物	61	106	100
肉	14	62	80
たまご	17	39	45
牛乳 etc.	61	179	237
魚	76	95	81
さとう	41	64	52
油	12	34	37

（農林水産省「平成22年度食料需給表」より）

た食品は、肉、たまご、牛乳、油である。これはそれまであまり多く食べられなかったハンバーグやケーキ、アイスクリームのような外国風の食べ物が、子どもや若い人たちの食生活に取り入れられたからである。

また1960年から2010年で大きく減ったのは主食の米である。1960年には、一日1人が315g食べていたが、2010年には163gと約半分に減っている。その代わりにパンやスパゲティの材料である小麦は少しずつ増えている。

これらが意味するものは、米や魚や野菜を使った和食が減り、小麦や肉やたまごを使った洋食が多くなっているということである。日本人の体が大きくなったのは、この50年間の食生活の変化によると思われる。

＊食生活 diet　　　　　表 chart　　　　　量 amount　　　　野菜 vegetables
　牛乳 milk　　　　　　～風 ~style　　　　取り入れる to introduce　主食 staple food
　代わりに instead　　　材料 ingredients　　小麦 wheat　　　　　～による due to~

［質問］

1. 1960年ごろの日本人の食生活はどんな材料が多かったですか。

2. 2010年の食生活はどの部分が大きく変化しましたか。

書いてみよう　あなたの国の食生活はどのように変わったか、説明してみましょう。

知っていますか できますか

＜日本の歴史年表 (Periods of Japanese History)＞
ねんぴょう

西暦	時　代
B.C. 500	先土器 ・縄文
A.D 1	原始
100	弥　生
200	
300	
400	
500	古　墳
600	古
700	奈　良
800	代
900	平　安
1000	
1100	
1200	

西暦（せいれき）　　　　C.E.

時代（じだい）　　　　period, era

＜時代区分＞　Historical Periods

原始（げんし）　　　　prehistory

古代（こだい）　　　　the ancient period

中世（ちゅうせい）　　the medieval period

近世（きんせい）　　　the early modern period

近代（きんだい）　　　the modern period

現代（げんだい）　　　the contemporary period, the present day

＜日本の時代区分＞

先土器（せんどき）　pre-earthenware period

縄文（じょうもん）　Jomon ware (straw-rope pattern pottery) period

弥生（やよい）　　　Yayoi ware period

古墳（こふん）　　　ancient tomb burial mound / tumulus period

奈良（なら）　　　　Nara (place name) period

平安（へいあん）　　Heian (= Kyoto) period

鎌倉（かまくら）　　Kamakura (place name) period

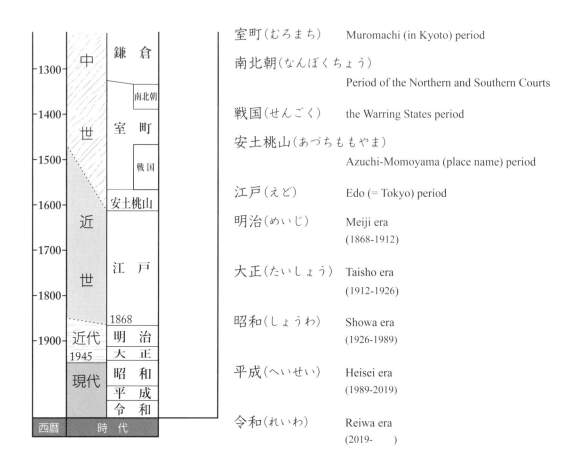

室町（むろまち）　　Muromachi (in Kyoto) period

南北朝（なんぼくちょう）

　　　　　　　　　　Period of the Northern and Southern Courts

戦国（せんごく）　　the Warring States period

安土桃山（あづちももやま）

　　　　　　　　　　Azuchi-Momoyama (place name) period

江戸（えど）　　　　Edo (= Tokyo) period

明治（めいじ）　　　Meiji era
　　　　　　　　　　(1868-1912)

大正（たいしょう）　Taisho era
　　　　　　　　　　(1912-1926)

昭和（しょうわ）　　Showa era
　　　　　　　　　　(1926-1989)

平成（へいせい）　　Heisei era
　　　　　　　　　　(1989-2019)

令和（れいわ）　　　Reiwa era
　　　　　　　　　　(2019-　　)

（※歴史区分についてはいろいろな説があります）

（書いてみよう）日本の年表の右にあなたの国の歴史の時代区分を書いてみましょう。

第44課
だい か

ユニット1 ‥‥‥‥‥‥‥‥‥‥‥‥‥‥‥‥‥‥‥ 漢字の話

 抽象概念を表す表現（Expressing Abstract Ideas） ‥‥‥‥‥‥‥
ちゅうしょうがいねん　あらわ　ひょうげん

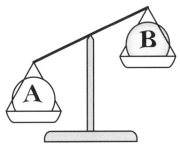

AとBを比較する
ひ かく
to compare A with B

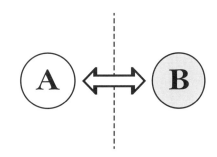

AとBを対比する
たい ひ
to contrast A with B

Cに賛成する
さんせい
to agree with C

Cに反対する
はんたい
to oppose C

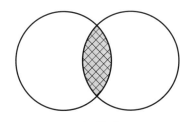

共通点
きょうつうてん
points of commonality

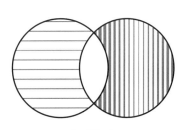

相違点
そう い てん
points of difference

215

ユニット 2 ·························· 第 44 課の基本漢字

2-1 漢字の書き方 ·····························

漢字	意味	くんよみ	オンヨミ	（画数）

481

比　compare / ratio

くら-べる　　　ヒ　　　（4）

一　上　ヒ´　比

比（くら）べる　to compare 　　比重（ひ・じゅう）specific gravity, importance
対比（たい・ひ）する　to contrast 　　比例（ひ・れい）する　to be proportional

482

較　compare

カク　　　（13）

一　厂　百　亘　車　車`　軒　軒　軒　軒　較

比較（ひ・かく）する　to compare
比較的（ひ・かく・てき）comparatively

483

反　opposite / anti-

ハン　　　（4）

一　厂　反　反

反応（はん・のう）reaction 　　反映（はん・えい）する　to reflect
違反（い・はん）violation 　　反（はん）〜　anti〜

漢字	意味	くんよみ	オンヨミ	（画数）

484 対

against
pair

タイ
ツイ　　（7）

`゛ 一 ナ 文 文 対 対`

～に対（たい）して　against ~, regarding ~　　２対（たい）３　2 against 3
反対（はん・たい）する　to oppose　　一対（いっ・つい）　a pair

485 賛

approve

サン　　（15）

`一 二 ナ 夫 夫 夫 扶 扶 替 替 替 替 賛`
賛

賛成（さん・せい）する　to agree, to approve　　賛同（さん・どう）する　to approve
賛否（さん・ぴ）　approval and disapproval

486 共

both
together

（とも）　　キョウ　　（6）

`一 十 艹 艹 共 共`

共通（きょう・つう）の　common　　共同（きょう・どう）　cooperation
共和国（きょう・わ・こく）　republic　　公共（こう・きょう）　public, common

487 直

direct, repair
straight

なお-る
なお-す　　チョク　　（8）

`一 十 十 市 市 直 直 直`

直（なお）す　to repair, to correct　　直後（ちょく・ご）　immediately after
直流（ちょく・りゅう）　direct current　　直接（ちょく・せつ）　direct

漢字	意味	くんよみ	オンヨミ	（画数）

488

表 — surface appear, table — あらわ-す — ヒョウ — (8)

一 十 キ キ 主 美 表 表 表

表(あらわ)す to express

表現(ひょう・げん) expression

発表(はっ・ぴょう)する to announce

表面(ひょう・めん) surface

489

現 — appear present — あらわ-れる （あらわ-す） — ゲン — (11)

一 T F 王 玑 玔 珇 玥 珇 玥 現

現(あらわ)れる to appear

現金(げん・きん) cash

現代(げん・だい) the contemporary period, the present day

現在(げん・ざい) now, the present

490

初 — begin first — はじ-め はじ-めて — はつ ショ — (7)

丶 ラ ネ ネ ネ 初 初

初(はじ)めて for the first time

最初(さい・しょ)の first

初雪(はつ・ゆき) the first snow of the year

初歩(しょ・ほ) the basics

2-2 読み練習

Ⅰ. 次の漢字の読み方をひらがなで書きなさい。

 1. 比べる　　 2. 反対する　　 3. 賛成する　　 4. 直す　　 5. 表す

 6. 現れる　　 7. 比較する　　 8. 対比する　　 9. 表現する

10. 初めて　　11. 共通する　　12. 発表する　　13. 直接

Ⅱ. 次の文を読んでみましょう。

 1. 両者には共通点と相違点がある。

 2. ICカードは、現金より便利だ。

 3. 最初に、カードを入れます。次に、ボタンを押します。
　　　さい

 4. 現代日本の教育制度についての論文を発表します。
　　　　　　　　　　せい

 5. 先週、スピード違反でつかまった。

 6. この２つの国は農業開発という共通の問題を持っています。

 7. 彼の専門は、日本とアメリカの比較文化です。

 8. 賛成意見と反対意見が半分ずつで、決められなかった。

 9. 同じ意味を表すのにいろいろな表現が使われる。

10. ２対１でＡチームが勝った。
　　　　　　　　　　か

2-3 書き練習 ....

Ⅰ. 次の□に適当な漢字を書きなさい。

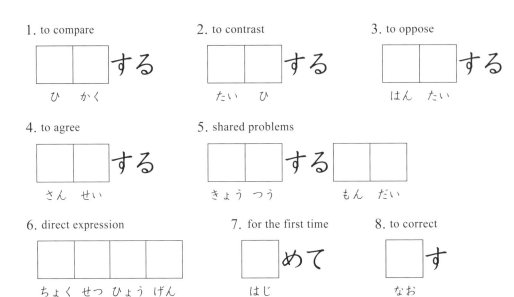

1. to compare
□□する
ひ　かく

2. to contrast
□□する
たい　ひ

3. to oppose
□□する
はん　たい

4. to agree
□□する
さん　せい

5. shared problems
□□する　□□
きょう　つう　　もん　だい

6. direct expression
□□□□
ちょく　せつ　ひょう　げん

7. for the first time
□めて
はじ

8. to correct
□す
なお

Ⅱ. ことばの意味を考えて、適当な漢字を書いてみましょう。

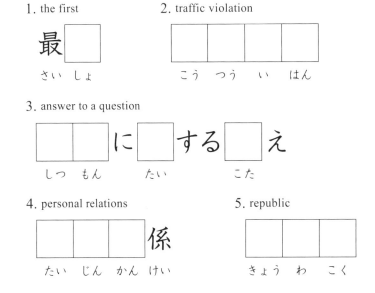

1. the first
最□
さい　しょ

2. traffic violation
□□□□
こう　つう　い　はん

3. answer to a question
□□に□する□え
しつ　もん　　たい　　こた

4. personal relations
□□□係
たい　じん　かん　けい

5. republic
□□□
きょう　わ　こく

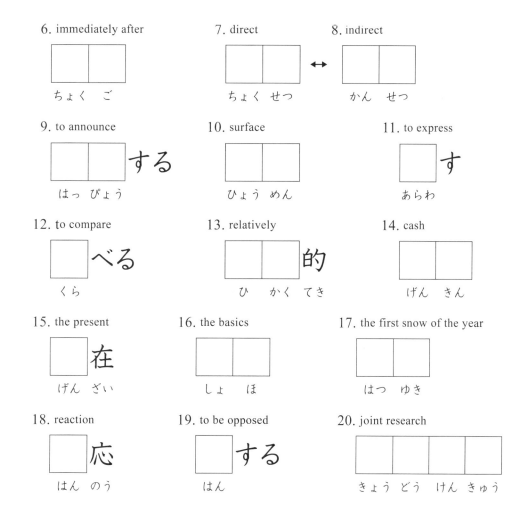

6. immediately after
ちょく　ご

7. direct
ちょく　せつ

8. indirect
かん　せつ

9. to announce　する
はっ　ぴょう

10. surface
ひょう　めん

11. to express　す
あらわ

12. to compare　べる
くら

13. relatively　的
ひ　かく　てき

14. cash
げん　きん

15. the present　在
げん　ざい

16. the basics
しょ　ほ

17. the first snow of the year
はつ　ゆき

18. reaction　応
はん　のう

19. to be opposed　する
はん

20. joint research
きょう　どう　けん　きゅう

Ⅲ. 次の文を習った漢字を使って書きましょう。

1. くすりをのんでも、なかなかこうかがあらわれない。

2. おとうとは、あまりかんじょうをかおにあらわさない。

3. せんせいは、がくせいのしつもんにたいしてひとつひとつていねいに

こたえてくれる。

4. さくしゃのかんがえかたがどのさくひんにもよくはんえいされている。

5. こどもたちは、いぜんにくらべていえのなかであそぶことがおおくなった。

221

ユニット３ ・・・・・・・・・・・・・・・・・・・・・・・・・・・・・・・ 読み物

＜スピーチ＞

　私は、インドのアリです。国の大学で経営を勉強して、卒業した後、政府の経済開発研究所で働きました。そして、今年の４月に初めて日本へ来ました。今日は、私の専門について少しお話ししたいと思います。

　私は、日本の会社の経営のシステムを研究したいと思っています。日本は、戦後短期間に経済成長をし、現在では経済先進国になりました。それには、様々な理由が考えられますが、日本の会社のすぐれた経営システムもその一つではないでしょうか。インドは、政治、経済、教育などに英国のシステムを使ってきました。英国のシステムには、もちろん利点もありますが、インドに合わない点もあります。私は、英国と日本の経営システムを比較して、共通点と相違点を検討し、インドに合ったシステムを考えたいと思います。また、本で理論を勉強するだけではなく、日本の会社を訪問して、そこの経営システムについて働いている人たちに直接意見を聞いてみたいと思っています。

＊経営 management	専門 specialty	戦後 after the war
経済成長 economic growth	現在 now	先進国 advanced country
利点 advantage	合う to fit, to suit	検討する to examine

［質問］

1. ５行目の「それ」は、何を指していますか。

2. ５行目から７行目のアリさんの意見に、あなたは賛成ですか、反対ですか。

3. アリさんの研究テーマは、何と何の比較ですか。

（書いてみよう）あなたの専門と研究計画について、同じようにスピーチを考えて書いてみましょう。

知っていますか できますか

＜漢和辞典 (Kanji Dictionary) の調べ方＞
かんわじてん

漢字や漢字のことばの読み方や意味を調べるとき、漢和辞典を使います。漢和辞典には、ふつう次の３種類の索引 (index) があります。
しゅるい　さくいん

①音訓索引 (reading index)
おんくんさくいん

漢字の音読みと訓読みを 50 音順 (Japanese alphabetical order) に並べたもので、ふつう漢和辞典の一番終わりにあります。音読みはカタカナ、訓読みはひらがなで書いてあります。

②部首索引 (radical index)
ぶしゅ

漢字の部首 (radical) を画数の少ない順に並べてあります。調べたい漢字の部首が分かりにくいときのために、部首の形や位置によって調べられる索引がついている辞典もあります。

③総画索引 (stroke count index)
そうかく

漢字を画数の少ない順に並べたものです。同じ画数の場合は、部首の順になっています。画数が少ない漢字を調べるときは便利ですが、画数が増えると、たくさん漢字があるので、さがすのが大変です。

漢字の中には、どれが部首か分かりにくいものもあります。右の「部首類形検索表」(radical and similar shape reference list) は、部首を調べやすくするために作られたものです。部首のはじめの画の形によって、グループ分けしてあります。

部首類形検索表 (一部)
ぶしゅるいけいけんさくひょう

（林大監修（2001）『現代漢語例解辞典』（第二版）小学館）

■やってみよう！

1. はじめの漢字の読み方が分かるとき　→音訓索引
おんくんさくいん

Ex.「初演」：はじめの漢字「初」の読み方（「ショ」または「はじ（め）」）を知っていれば、音訓索引で「初」をさがし、そのページを見る。そこで「初演（しょえん）」を見つけることができる。

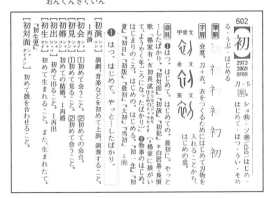

（林大監修（2001）『現代漢語例解辞典』（第二版）小学館）

2. はじめの漢字の読み方が分からないとき

2.1　漢字の部首が分かるとき　→部首索引
ぶしゅさくいん

Ex.「討論」：「討」の部首は「言（ごんべん）」で、画数は7画。表紙のうらにある部首索引で調べると、「言」があるページが分かる。そのページを開けて見ると、「ごんべん」の漢字が画数の少ない順に並んでいる。「討」のところには、「討」を使ったことばのリストがあるので、「討論（とうろん）」をさがす。

2.2　漢字の部首が分からないとき　→総画索引
そうかくさくいん

Ex.「氏名」：「氏」の画数を数えると、4画である。総画索引には、漢字が画数の少ない順に並んでいるので、4画のところを見て「氏」をさがす。「氏」のところには「氏」を使ったことばがあるので、「氏名（しめい）」をさがす。

[練習Ⅰ]　次のことばの読み方を漢和辞典の部首索引で調べなさい。

1. 環境
2. 偶然
3. 招待
4. 統計
5. 著者
6. 逆説

[練習Ⅱ]　次のことばを漢和辞典の総画索引で調べなさい。

1. 世代
2. 永久
3. 光景
4. 死亡
5. 豆腐
6. 首相

［練習Ⅲ］　次のことばを音訓索引で調べなさい。

1. 必要　　　　　　　　　4. 作用

2. 比較　　　　　　　　　5. 重力

3. 表面　　　　　　　　　6. 生命

［練習Ⅳ］　次のことばを適当なところで切って、漢和辞典で読み方と意味を
調べなさい。

1. 処理速度

2. 通信技術理論

3. 経済協力開発部

漢字ノート作り

　漢和辞典で新しい漢字の読み、意味、熟語(compound word)などを調べたら、
自分のノートにまとめておきましょう。熟語については、和英辞典を引きなお
して、その意味、使い方、例文なども書いておくと、便利です。反対の意味の
漢字や関連のある漢字などがあれば、それも書きましょう。

例.

記	キ　　記入(きにゅう)する to fill in 　　　　用紙に名前を記入する。	【キ】起・紀
	記事(きじ) article 　　新聞におもしろい記事があった。	
	記者(きしゃ) reporter 　　弟は雑誌記者をしている。	
	しる-す to note, to write 　　ノートに本の題名を記す。	

第45課

だい 45 か

ユニット1 ・・・・・・・・・・・・・・・・・・・・・・・・・・・・・・・ 漢字の話

接辞の漢字 -3-　抽象概念（Prefixes and Suffixes -3- Abstract Ideas）・・・・・・
せつじ　　　　　ちゅうしょうがいねん

接頭辞：全 -　=　全部の～　　全科目　all subjects
せっとうじ　ぜん　　ぜん ぶ
　　　　　　　　　　all　　　全学生　all students

　　　　　　　　　　　　　　全生産　all production

　　　　　　　　　　　　　　全国　全員　全階　全面　全体

　　　　　最 -　=　一番～　　最新　the newest
　　　　　さい
　　　　　　　　　the most ～　最高　the highest, the greatest

　　　　　　　　　　　　　　最初　the first

　　　　　　　　　　　　　　最大　最低　最後　最悪　最良　最近

　　　　　第 -　=　the ~th　　第 1 号　No.1
　　　　　だい
　　　　　　　　　　　　　　第 3 回　the 3rd time

　　　　　　　　　　　　　　第 5 課　Lesson 5

　　　　　　　　　　　　　　第 1 期　第 2 次　NHK 第 1　第 6 スタジオ

　　　　　無 -　=　～がない　無試験　no examination
　　　　　む
　　　　　　　　　no ～　　　無計画　no planning

　　　　　　　　　　　　　　無意味　meaningless

　　　　　　　　　　　　　　無関心　無休　無料　無効　無名

　　　　　非 -　=　～ではない　非公式　informal
　　　　　ひ
　　　　　　　　　not ~, un-　非科学的　unscientific

　　　　　　　　　　　　　　非論理的　illogical

　　　　　　　　　　　　　　非生産的　非人間的　非常　非番

　　　　　不 -　=　～ではない　不必要な　unnecessary
　　　　　ふ
　　　　　　　　　～しない　　不注意な　careless

　　　　　　　　　un-, in-　不親切な　unkind

　　　　　　　　　　　　　　不経済な　不勉強な　不自由な　不便な

226

接尾辞：- 的　＝　～のような　　科学的　scientific
せつびじ　　てき　　　　　　　-tic, -al, -tive　経済的　economical

論理的　logical

生産的　人間的　社会的　効果的　感情的

- 性　＝　1.　～こと　　生産性　productivity
せい　　　　　　　　-ness, -ity　人間性　humanity

実用性　practicality, usefulness

2.　～の性質　国民性　national characteristics
せいしつ

character　高速性　high speed

動物性　animal (matter)

- 化　＝　～になる　　　　近代化　modernization
か

～にする　　　　近代化する　to modernize

-ization, -ize　工業化　industrialization

工業化する　to industrialize

自動化　実用化　自由化

機械化　高速化　理論化

その他：

諸 -　＝　いろいろな　various　諸国　諸島　諸問題　諸事情　諸費用
しょ

各 -　＝　それぞれの　each　各国　各地　各会社　各新聞　各方面
かく

両 -　＝　両方の　both　両親　両者　両国　両大学　両選手
りょう

未 -　＝　まだ～ない　not yet　未婚　未知　未完成　未発表　未使用
み

- 法　＝　法律　law　民法　商法　交通法　農地法
ほう　　　　りつ

＝　方法　method　使用法　教育法　比較法

- 制　＝　制度　system　四年制　会員制　共和制
せい

- 課　　　　　lesson, section　第 1 課　経理課　営業課
か

- 線　　　　　line, railroad　平行線　山手線　東海道線
せん

- 中　　　　　to be ~ing　営業中　準備中　会議中　工事中
ちゅう

- 中　　　　　all ~, whole ~　日本中　世界中　一日中　一年中
じゅう　　　　　　　　　　　　せかい

ユニット2 ・・・・・・・・・・・・・・・・・・・・・・・・ 第45課の基本漢字

2-1 漢字の書き方

漢字	意味	くんよみ	オンヨミ	（画数）
491 全	whole all	まった-く	ゼン	（6）

ノ　入　　仐　仐　全　全

全（まった）く…ない　not at all ＝ 全然（ぜん・ぜん）…ない

全員（ぜん・いん）all (the members)　　　全部（ぜん・ぶ）all, the whole thing

492 最	most	もっと-も	サイ	（12）

一　口　曰　曰　旦　昌　昌　骨　昌　最　最

最（もっと）も　the most　　　　最近（さい・きん）recently

最悪（さい・あく）the worst　　　最低（さい・てい）the lowest, at least

493 無	nothing non- -less	な-い	ム ブ	（12）

ノ　　　　午　缶　無　無　無　無　無　無

無（な）い　not to be　　　　無事（ぶ・じ）safety

無制限（む・せい・げん）unlimited　　　無線（む・せん）wireless

漢字	意味	くんよみ	オンヨミ	（画数）

494 非

non-
un-
not good

ヒ

(8)

ノ ブ ナ ヲ 非 非 非 非

非現実的（ひ・げん・じつ・てき）unrealistic　　非行（ひ・こう）delinquency, misdeed

非常口（ひ・じょう・ぐち）emergency exit

495 第

rank
no. ~

ダイ

(11)

ノ ノ ト ⺮ ⺮ ⺮ 竺 竺 笋 第 第

第三者（だい・さん・しゃ）third party　　第一（だい・いち）first, primary

第二次（だい・に・じ）secondary　　次第（し・だい）に gradually

496 的

target
(suffix to make na-
adj.)

テキ

(8)

ノ イ 白 白 白 的 的 的

目的（もく・てき）purpose, aim　　文化的（ぶん・か・てき）な cultural

個人的（こ・じん・てき）な personal, individual　　公的（こう・てき）な public, official

497 性

nature, sex
(suffix to make noun)

セイ
（ショウ）

(8)

⺖ ⺖ 忄 忄 忄 忰 性 性

性別（せい・べつ）gender　　男性（だん・せい）man, male

性質（せい・しつ）nature, character　　可能性（か・のう・せい）possibility

漢字	意味	くんよみ	オンヨミ	（画数）

498

法　law, rules / method

ホウ／-ポウ　(8)

`丶　丷　氵　汋　汁　汢　法　法`

法律 (ほう・りつ) law, legal code　　方法 (ほう・ほう) method, way of doing something

使用法 (し・よう・ほう) how to use　　文法 (ぶん・ぽう) grammar

499

制　control / system

セイ　(8)

`丿　丿　匸　匸　匃　制　制　制`

制度 (せい・ど) system　　制服 (せい・ふく) uniform

会員制 (かい・いん・せい) membership system　　制限 (せい・げん) restriction

500

課　impose, assign / section

カ　(15)

`丶　二　二　言　言　言　訁　訠　訠　訛　課　課`

課

課 (か) す to impose　　人事課 (じん・じ・か) personnel section

博士課程 (はく・し・か・てい) doctoral course

2-2 **読み練習** ···

Ⅰ．次の漢字の読み方をひらがなで書きなさい。

1. 全国　　2. 最高　　3. 無理な　　4. 非科学的　　5. 第1課

6. 目的　　7. 女性　　8. 性質　　9. 方法　　10. 制度

11. 最も新しい情報＝最新情報　　12. 最も重要な書類＝最重要書類

13. 無料　↔　有料　　14. 無意味な

Ⅱ．次の文を読んでみましょう。

1. 日本の教育制度は、6・3・3・4制である。

2. 彼は国際交流課の課長です。 the chief of the division of international relations
   さい

3. 「こと」と「の」の用法の違いを説明しなさい。

4. この国の人々の国民性は、開放的で進歩的だと言われる。
   frank and progressive

5. 最近、中学生や小学生の非行が増えている。

6. 飛行機が落ちたが、乗客は全員無事だった。

7. 彼は今、心理的に非常に不安定です。 psychologically very unstable
   じょう

8. 第3回経済会議が東京で開かれた。

2-3 書き練習

Ⅰ. 次の□に適当な漢字を書きなさい。
てきとう

1. all

ぜん　ぶ

2. the first
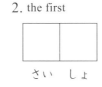
さい　しょ

3. free of charge

む　りょう

4. emergency exit

ひ　じょう　ぐち

5. Lesson 4
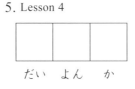
だい　よん　か

6. purpose

もく　てき

7. gender

せい　べつ

8. method

ほう　ほう

9. education system
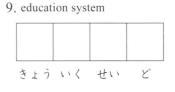
きょう　いく　せい　ど

10. personnel section
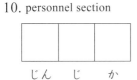
じん　じ　か

Ⅱ. ことばの意味を考えて、適当な漢字を書いてみましょう。
い

1. all (the members)
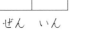
ぜん　いん

2. all over the country
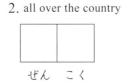
ぜん　こく

3. the whole
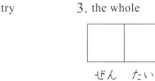
ぜん　たい

4. recently

さい　きん

5. the last
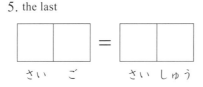
さい　ご　＝　さい　しゅう

6. the biggest
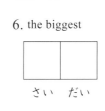
さい　だい

7. the smallest

さい　しょう

8. ignorance

む　ち

9. indifference

む　かん　しん

10. meaningless

む　い　み

11. safety

ぶ　じ

12. unscientific

ひ　か　がく　てき

13. illogical

ひ　ろん　り　てき

14. unofficial

ひ　こう　しき

15. third party

だい　さん　しゃ

16. the second time

だい　に　かい

17. the fifth plan

だい　ご　じ　けい　かく

18. emotional

な

かん　じょう　てき

19. modern

な

きん　だい　てき

20. practical

な

じつ　よう　てき

21. theory

り　ろん

theoretical

→

な

り　ろん　てき

to make into a theory

→

する

り　ろん　か

22. to produce

する →

せい　さん

productive

な →

せい　さん　てき

productivity

せい　さん　せい

23. humanity

にん　げん　せい

24. sociality

しゃ　かい　せい

25. male

だん　せい

↔

26. female

じょ　せい

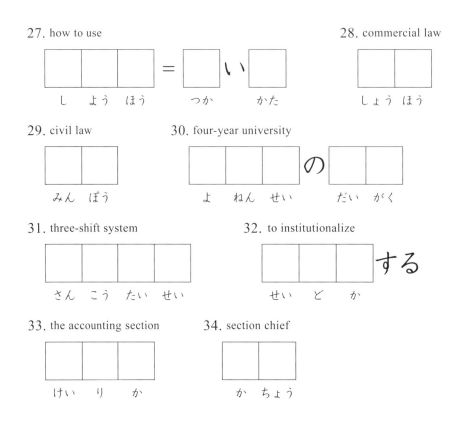

27. how to use

し　よう　ほう ＝ つか　い　かた

28. commercial law

しょう　ほう

29. civil law

みん　ぽう

30. four-year university

よ　ねん　せい　の　だい　がく

31. three-shift system

さん　こう　たい　せい

32. to institutionalize

せい　ど　か　する

33. the accounting section

けい　り　か

34. section chief

か　ちょう

Ⅲ. 次の文を習った漢字を使って書きましょう。

1. えきまえには、きんだいてきなビルがならんでいる。

2. さいきんのだいがくせいは、ひかくてきせいじにむかんしんだ。

3. だい 45 かのぶんぽうせつめいは、わかりやすい。

4. おとうとはこうこうをでて、4 ねんせいのだいがくにすすんだ。

5. そのけいかくはあまりにひげんじつてきだ。

ユニット3 ・・・・・・・・・・・・・・・・・・・・・・・・・・・・・・・・・・・・ 読み物

＜インターネットを使った漢字の学習法＞

インターネットの検索サイトを使って、学習した漢字のことばが入っている
記事を見つけて、読んでみましょう。

たとえば、第45課で勉強した漢字のことば「安全」と「インターネット」
と「著作権」をキーワードとして入れて、記事を検索すると、多くの見出しと
記事の一部のリストが出ます。

安全　インターネット　著作権	🔍

それらの見出しの中から記事を選んでクリックすると、以下のような記事を
読むことができます。

・・

＜インターネット安全教室＞

パソコンを買ったら　セキュリティを考えましょう

◎パスワードの設定

持ち歩くことの多いノートパソコンは忘れたり、盗まれたりした時に簡単に内
容が他人に読みとられないようにパスワードを設定するようにしましょう。

大事なファイルにもパスワードを設定しておきましょう。

1台のパソコンを家族で使う場合、誰かが間違って
ファイルを削除したり、変更したりしないようにパス
ワード設定をしておくとよい。

*検索 search (for information)　　　安全 security

著作権 copyright　　　設定する to set　　　盗む to steal

内容 contents　　　他人 other people　　　誰か someone

削除する to delete　　　変更する to change

◎無線ラン

　家に無線ランを導入したら、必ずパスワードを設定し、知らない人が勝手に使えないようにしましょう。

　パスワードをかけておかないと悪意のある人がネットワークに侵入し、大事なファイルやプライベートな情報を盗むこともあるので、注意が必要です。

　安全のためにパソコンを使用するには　ウィルス対策ソフトをいれること。ウィルス対策ソフトは必ず最新版に更新しておきます。

◎メールを楽しむ

　外国語で書かれた正体不明のメールや素性が特定できない個人や団体から届くメールの多くは「迷惑メール」と呼ばれるものです。迷惑メールはウィルスがついていることが多いので、絶対に開いてはいけません。

　添付ファイルは特に危ない。

　メールソフトの迷惑メール振り分け機能やプロバイダーの迷惑メール振り分けサービスを活用すること。

　このメールを他の人に送ってと書かれたチェーンメールは本当の話か少し様子をみて冷静に判断することが必要です。

◎写真を公開する

　インターネット上のサイトに写真などをアップするとき、全体に公開では、制限がかからず第三者に閲覧されたり、ダウンロードされたりしてしまいます。限定的な公開になるようにパスワードの設定をしましょう。交流サイトの各種設定を事前に把握することが大事です。

＊無線ラン　wireless LAN (Wi-Fi)　　導入する　to introduce (a policy or technology)

勝手に　freely, as one pleases　　侵入する　to intrude, to hack　　対策　measures

最新版　newest edition　　更新する　to renew　　正体不明の　unidentified

素性　identity　　特定する　to specify　　団体　group

届く　to arrive　　迷惑メール　spam (email)　　絶対に　absolutely

添付ファイル　attached file　　危ない　dangerous　　振り分け機能　filter function

他の人　other people　　判断する　to judge　　制限　restriction

第三者　third party　　閲覧する　to read　　限定的　limited

各種　various, several kinds of~　　事前に　in advance, beforehand

把握する　to grasp

◎映像を見る

著作権のある動画や写真を無断でコピーしたり、加工してインターネット上で公開したり、友人に配布するのは法律違反になります。

◎フィッシング詐欺

送られてくるメールをクリックしてリンクしたサイトも本物そっくりに作られていることがあるので、十分な注意が必要です。不当な請求は無視する。個人情報は伝えないように。情報が漏えいし悪用される可能性があることを忘れないように。

◎ファイル共有フォルダ

フォルダ共有設定をオフにしておく。ファイル共有フォルダは必要な時だけオンにして利用した後はすぐにオフに戻す。

（NPO 日本ネットワークセキュリティ協会「インターネット安全教室」
http://www.oct-net.ne.jp/~sno-oita/honbu/reikai/ori130309/sekyu.html より）

＊映像 picture, video
法律違反 violation of the law
不当な unjust, unfair
漏えいする to leak
共有 shared

無断で without permission
詐欺 fraud, scam
請求 claim
悪用する to abuse
戻す to restore

配布する to distribute
本物そっくり just like the real thing
無視する to ignore
可能性 possibility

復習
ふく しゅう
Review Lesson 41-45

N： 老(人)　(家)族　(手)術　効(果)　(国)民　顔

歯　論(文)　(書)類　以(下)　全(国)　最(高)

性(質)　(方)法　制(度)　第(一)課

A： 必要な　得(意)な　美しい　無(理)な

非(科学)的な

Ad： 初めて

V： 訪ねる　調べる　移る　続く　過ぎる　進む

直す

VN： (心)配する　退(院)する　卒(業)する

実(験)する　失礼する　増加する　減(少)する

変(化)する　比較する　反対する　賛(成)する

共(通)する　表現する　　　　　　　　　　(50字)

Ⅰ. 次の漢字のことばを小さい単位に分けて、意味の関係を考えなさい。

例. 新空港建設反対 → 新 ／ 空港 ／ 建設 ／ 反対

　　　　　　　　　　　新しい空港を建設することに反対すること

　1. 無生物　　　　　　→

　2. 非科学的　　　　　→

　3. 最新情報　　　　　→

　4. 卒業者数　　　　　→

　5. 不得意科目　　　　→

　6. 比較文化研究　　　→

　7. 大家族制度　　　　→

　8. 効果的学習法　　　→

Ⅱ. 次の（　　）に適当な漢字を下から選んで入れなさい。

　1. 日本の教育システムは、6・3・3・4（　　　）である。

　2.（　　　）人口の50％近くが大都市に集中している。

　3. システムを合理化して、生産（　　　）を上げる。

　4. この病気を治す効果（　　　）な方法を見つけなければならない。

　5. このチームは、史上（　　　）強といわれた。

　6. 彼は、20年間（　　　）事故（　　　）違反だ。

　7.（　　　）必要な動物実験には反対だ。

　8. 新しい方法を制度（　　　）する。

```
化　的　性　制　法　不　無　非　最　以　全　合
```

239

Ⅲ. 次のことばと反対の意味のことばを書きなさい。

例. 反対　←→　（　　賛成　　）

1. 最高　←→　（　　　　　　）　　10. 一部　←→　（　　　　　　）

2. 進化　←→　（　　　　　　）　　11. 前進　←→　（　　　　　　）

3. 心配　←→　（　　　　　　）　　12. 以上　←→　（　　　　　　）

4. 増加　←→　（　　　　　　）　　13. 最初　←→　（　　　　　　）

5. 入学　←→　（　　　　　　）　　14. 洋風　←→　（　　　　　　）

6. 入院　←→　（　　　　　　）　　15. 間接的　←→　（　　　　　　）

7. 以前　←→　（　　　　　　）　　16. 男性的　←→　（　　　　　　）

8. 自由　←→　（　　　　　　）　　17. 論理的　←→　（　　　　　　）

9. 公的　←→　（　　　　　　）　　18. 理性的　←→　（　　　　　　）

Ⅳ. 次のことばの中から適当なものを選びなさい。

1. 私はその意見に（a. 非賛成　b. 不賛成　c. 無賛成）です。

2. リーさんは（a. 日本風　b. 日本的　c. 日本性）の部屋に住んでいる。

3. この理論を（a. 実用的　b. 実用性　c. 実用化）しなければならない。

4. 彼は非常に（a. 進歩風　b. 進歩的　c. 進歩性）な考えの持ち主だ。

5. 最近は、（a. 男性用　b. 男性的　c. 男性制）の化粧品がよく売れる。

6. コンピュータの（a. 使用方　b. 使用制　c. 使用法）を説明する。

7. あまり（a. 感情化　b. 感情的　c. 感情性）にならないで、話し合いましょう。

8. このレストランは、（a. 会員的　b. 会員制　c. 会員性）ですから、会員以外
　　の方は入れません。

音訓索引 （Vol. 1 & 2）
おんくんさくいん

　カタカナは音読み、ひらがなは訓読み。あいうえお順にならべ、音訓の順。同じ音訓は、課の順になっている。数字は課の数。

［あ］

あい	相	31
あいだ	間	5
あ－う	会	12
あ－う	合	29
あお	青	14
あお－い	青	14
あか	赤	23
あか－い	赤	23
あ－がる	上	4
あか－るい	明	5
あき	秋	26
アク	悪	28
あ－く	開	13
あ－く	空	39
あ－ける	明	5
あ－ける	開	13
あ－ける	空	39
あ－げる	上	4
あさ	朝	10
あし	足	6
あじ	味	28
あじ－わう	味	28
あそ－ぶ	遊	24
あたた－かい	暖	26
あたた－かい	温	26
あたた－まる	温	26
あたた－める	温	26
あたま	頭	36
あたら－しい	新	8
あ－たる	当	28
あつ－い	暑	26

あつ－い	熱	26
あつ－まる	集	37
あつ－める	集	37
あ－てる	当	28
あと	後	10
あに	兄	15
あね	姉	15
あぶら	油	11
あま	天	26
あめ	雨	6
あめ	天	26
あら－う	洗	30
あらわ－す	表	44
あらわ－す	現	44
あらわ－れる	現	44
ある－く	歩	17
あ－わす	合	29
アン	安	8
アン	暗	8
アン	案	31

［い］

イ	医	22
イ	違	28
イ	意	32
イ	位	40
イ	移	43
イ	以	43
い－う	言	11
いえ	家	12
い－きる	生	2
イク	育	22

い－く	行	9
いし	石	6
いそが－しい	忙	16
いそ－ぐ	急	31
いた－い	痛	13
いた－む	痛	13
イチ	一	3
いち	市	20
いつ	五	3
いつ－つ	五	3
いと	糸	6
いま	今	12
いもうと	妹	15
い－る	要	42
い－れる	入	17
いろ	色	23
いわ	岩	5
イン	飲	9
イン	院	18
イン	員	27
イン	引	33

［う］

ウ	雨	6
ウ	右	18
うえ	上	4
う－かる	受	29
う－ける	受	29
うご－かす	動	17
うご－く	動	17
うし	牛	7
うしな－う	失	42

うし－ろ	後	10
うた	歌	14
うた－う	歌	14
うち	内	18
う－つ	打	30
うつく－しい	美	43
うつ－す	映	23
うつ－す	写	23
うつ－す	移	43
うつ－る	映	23
うつ－る	写	23
うつ－る	移	43
うつわ	器	34
うま	馬	7
う－まれる	生	2
う－まれる	産	35
うみ	海	11
う－む	産	35
う－る	売	12
ウン	運	27

［え］

エイ	泳	11
エイ	英	12
エイ	映	23
エイ	営	33
エキ	駅	18
えら－ぶ	選	27
え－る	得	42
エン	円	3
エン	遠	14
エン	園	19

［お］

お	小	4
お－いる	老	41
オウ	横	40
お－える	終	24

おお－い	多	8
おお－きい	大	4
お－きる	起	24
オク	屋	13
おく	奥	15
お－く	置	40
おく－る	送	24
おく－れる	遅	14
お－こす	起	24
おこな－う	行	9
お－こる	起	24
おさ－まる	治	22
おさ－める	治	22
おし－える	教	9
お－す	押	33
おそ－い	遅	14
お－ちる	落	29
おっと	夫	15
おと	音	23
おとうと	弟	15
おとこ	男	5
お－とす	落	29
おとず－れる	訪	41
おどろ－く	驚	37
おな－じ	同	28
おぼ－える	覚	36
おも	面	29
おも－い	重	38
おも－う	思	23
おも－な	主	15
おや	親	16
およ－ぐ	泳	11
お－りる	降	17
お－る	折	30
お－ろす	降	17
お－わる	終	24
オン	音	23
オン	温	26
おんな	女	2

［か］

カ	火	2
カ	下	4
カ	花	7
カ	家	12
カ	荷	14
カ	歌	14
カ	化	22
カ	科	22
カ	夏	26
カ	果	29
カ	価	35
カ	加	43
カ	過	43
カ	課	45
か	日	1
ガ	画	23
カイ	海	11
カイ	会	12
カイ	回	13
カイ	開	13
カイ	階	39
かい	貝	6
ガイ	外	18
か－う	買	9
かえ－す	帰	9
かえ－す	返	24
かえ－る	帰	9
かえ－る	返	24
か－える	代	37
か－える	変	43
かお	顔	41
カク	画	23
カク	格	29
カク	覚	36
カク	較	44
か－く	書	9
か－く	欠	25
ガク	学	2

ガク	楽	23
か－ける	欠	25
か－す	貸	24
かず	数	22
かぜ	風	40
かぞ－える	数	22
かた	方	10
かたち	形	28
カツ	活	25
カツ	割	33
ガツ	月	1
ガッ	合	29
かど	門	1
かな－しい	悲	36
かな－しむ	悲	36
かなら－ず	必	42
かね	金	2
かの	彼	15
かみ	紙	34
かよ－う	通	17
からだ	体	5
か－りる	借	24
かる－い	軽	38
かれ	彼	15
かわ	川	1
か－わる	代	37
か－わる	変	43
カン	間	5
カン	館	19
カン	寒	26
カン	関	32
カン	感	36
カン	簡	38
カン	完	39
かんが－える	考	36
ガン	岩	5
ガン	元	16
ガン	願	33
ガン	顔	41

［き］

キ	帰	9
キ	気	16
キ	起	24
キ	記	27
キ	機	32
キ	器	34
キ	期	35
キ	喜	37
き	木	1
ギ	議	27
き－える	消	30
き－く	聞	9
き－く	効	41
き－こえる	聞	9
きた	北	18
き－ます	来	9
き－まる	決	30
き－める	決	30
キャク	客	12
キュウ	九	3
キュウ	休	5
キュウ	究	21
キュウ	急	31
キュウ	求	33
ギュウ	牛	7
ギョ	魚	7
キョウ	教	9
キョウ	兄	15
キョウ	京	20
キョウ	強	21
キョウ	驚	37
キョウ	狭	38
キョウ	橋	40
キョウ	共	44
ギョウ	行	9
ギョウ	業	27
ギョウ	形	28
キョク	局	32

キョク	曲	37
き－る	切	16
き－る	着	17
キン	金	2
キン	近	14
ギン	銀	35

［く］

ク	九	3
ク	区	20
ク	苦	38
グ	具	34
クウ	空	39
くすり	薬	12
くだ－る	下	4
くち	口	1
くに	国	13
くば－る	配	41
くみ	組	23
く－む	組	23
くも	雲	12
くら－い	暗	8
くらい	位	40
くら－べる	比	44
く－る	来	9
くる－しい	苦	38
くる－しむ	苦	38
くるま	車	1
くろ	黒	23
くろ－い	黒	23
くわ－える	加	43
くわ－わる	加	43

［け］

ケ	化	22
ゲ	下	4
ゲ	外	18
ケイ	計	11

読み	漢字	頁
ケイ	兄	15
ケイ	経	22
ケイ	形	28
ケイ	軽	38
けーす	消	30
ケツ	結	25
ケツ	欠	25
ケツ	決	30
ゲツ	月	1
ケン	見	9
ケン	県	20
ケン	研	21
ケン	験	29
ケン	建	39
ゲン	言	11
ゲン	元	16
ゲン	原	40
ゲン	減	43
ゲン	現	44

［こ］

読み	漢字	頁
コ	古	8
コ	故	32
コ	個	35
コ	呼	37
こ	子	2
こ	小	4
ゴ	五	3
ゴ	午	10
ゴ	後	10
ゴ	語	11
コウ	口	1
コウ	好	5
コウ	高	8
コウ	行	9
コウ	後	10
コウ	校	11
コウ	広	13
コウ	降	17
コウ	工	19
コウ	公	19
コウ	交	32
コウ	考	36
コウ	港	39
コウ	向	40
コウ	効	41
ゴウ	号	19
ゴウ	合	29
コク	国	13
コク	黒	23
コク	告	35
ここの	九	3
ここの-つ	九	3
こころ	心	36
こころ-みる	試	29
こたーえ	答	21
こたーえる	答	21
こと	言	11
こと	事	27
こーない	来	9
こまーかい	細	38
こまーる	困	13
こめ	米	6
ころーぶ	転	27
コン	今	12
コン	困	13
コン	婚	25
ゴン	言	11

［さ］

読み	漢字	頁
サ	茶	7
サ	作	11
サ	左	18
ザ	座	24
サイ	妻	15
サイ	西	18
サイ	済	22
サイ	細	38
サイ	最	45
さか	酒	11
さかな	魚	7
さーがる	下	4
さき	先	2
サク	作	11
さけ	酒	11
さーげる	下	4
さーす	指	30
さだーまる	定	25
さだーめる	定	25
ザツ	雑	34
さま	様	20
さーます	覚	36
さむーい	寒	26
さーめる	覚	36
サン	山	1
サン	三	3
サン	産	35
サン	賛	44
ザン	残	29

［し］

読み	漢字	頁
シ	子	2
シ	私	2
シ	四	3
シ	糸	6
シ	姉	15
シ	止	17
シ	市	20
シ	史	22
シ	思	23
シ	使	24
シ	始	24
シ	仕	27
シ	試	29
シ	指	30
シ	紙	34
シ	誌	34

シ 資 35
シ 歯 41
ジ 耳 6
ジ 字 7
ジ 時 11
ジ 寺 14
ジ 持 14
ジ 地 19
ジ 治 22
ジ 事 27
ジ 次 28
ジ 自 33
ジ 辞 34
シキ 式 25
しず-かな 静 14
した 下 4
した-しい 親 16
シチ 七 3
シツ 室 12
シツ 質 21
シツ 失 42
ジツ 日 1
ジツ 実 42
ジッ 十 3
しな 品 35
しま 島 20
し-まる 閉 13
し-める 閉 13
シャ 車 1
シャ 社 18
シャ 写 23
シャ 者 27
シャク 借 24
ジャク 弱 38
シュ 手 6
シュ 酒 11
シュ 主 15
シュ 取 33
ジュ 受 29
シュウ 週 10
シュウ 習 21
シュウ 終 24
シュウ 秋 26
シュウ 集 37
ジュウ 十 3
ジュウ 中 4
ジュウ 住 19
ジュウ 重 38
シュク 宿 21
シュツ 出 17
ジュツ 術 41
シュン 春 26
ジュン 準 31
ショ 書 9
ショ 所 19
ショ 暑 26
ショ 初 44
ジョ 女 2
ショウ 小 4
ショウ 少 8
ショウ 商 27
ショウ 正 28
ショウ 消 30
ショウ 相 31
ショウ 笑 36
ショウ 焼 37
ショウ 性 45
ジョウ 上 4
ジョウ 乗 17
ジョウ 場 19
ジョウ 情 36
ショク 食 9
ショク 色 23
しら-べる 調 42
しりぞ-く 退 41
し-る 知 33
しろ 白 23
しろ-い 白 23
シン 森 5
シン 新 8
シン 親 16
シン 真 23
シン 寝 24
シン 深 30
シン 信 32
シン 心 36
シン 進 43
ジン 人 1

[す]

ズ 図 19
ズ 頭 36
スイ 水 2
スウ 数 22
す-きな 好 5
す-ぎる 過 43
す-く 好 5
すく-ない 少 8
すこ-し 少 8
す-ごす 過 43
すず-しい 涼 26
すす-む 進 43
すす-める 進 43
す-む 住 19
すわ-る 座 24

[せ]

セイ 生 2
セイ 青 14
セイ 晴 14
セイ 静 14
セイ 西 18
セイ 政 22
セイ 正 28
セイ 成 39
セイ 性 45
セイ 制 45
セキ 石 6

セキ	赤	23	
セキ	席	25	
セツ	切	16	
セツ	接	29	
セツ	説	29	
セツ	折	30	
セツ	設	39	
せまーい	狭	38	
セン	川	1	
セン	先	2	
セン	千	3	
セン	選	27	
セン	洗	30	
セン	線	32	
ゼン	前	10	
ゼン	全	45	

[そ]

ソ	組	23	
ソウ	早	16	
ソウ	走	17	
ソウ	送	24	
ソウ	相	31	
ソウ	窓	34	
ゾウ	雑	34	
ゾウ	増	43	
ソク	足	6	
ソク	速	14	
ゾク	族	41	
ゾク	続	43	
そだーつ	育	22	
そだーてる	育	22	
ソツ	卒	42	
そと	外	18	
そら	空	39	
ソン	村	20	

[た]

タ	多	8	
た	田	1	
ダ	打	30	
タイ	大	4	
タイ	体	5	
タイ	待	11	
タイ	貸	24	
タイ	台	34	
タイ	代	37	
タイ	太	38	
タイ	退	41	
タイ	対	44	
ダイ	大	4	
ダイ	弟	15	
ダイ	題	21	
ダイ	台	34	
ダイ	代	37	
ダイ	第	45	
たいーら	平	40	
たかーい	高	8	
タク	宅	12	
たけ	竹	6	
たーす	足	6	
だーす	出	17	
たずーねる	訪	41	
ただーしい	正	28	
たーつ	立	24	
たーつ	建	39	
ダツ	脱	37	
たーてる	立	24	
たーてる	建	39	
たのーしい	楽	23	
たのーしむ	楽	23	
たび	旅	31	
たーべる	食	9	
ためーす	試	29	
たーりる	足	6	
タン	短	8	

タン	単	38	
ダン	男	5	
ダン	暖	26	
ダン	談	31	

[ち]

チ	遅	14	
チ	地	19	
チ	治	22	
チ	知	33	
チ	置	40	
ち	千	3	
ちいーさい	小	4	
ちかーい	近	14	
ちがーう	違	28	
ちから	力	4	
チク	竹	6	
ちち	父	15	
チャ	茶	7	
チャク	着	17	
チュウ	中	4	
チュウ	昼	10	
チュウ	注	32	
チョウ	鳥	7	
チョウ	長	8	
チョウ	朝	10	
チョウ	町	20	
チョウ	調	42	
チョク	直	44	

[つ]

ツイ	対	44	
ツウ	痛	13	
ツウ	通	17	
つかーう	使	24	
つかーれる	疲	13	
つき	月	1	
つぎ	次	28	

つーく	着	17
つーぐ	次	28
つーぐ	接	29
つくーる	作	11
つたーえる	伝	37
つたーわる	伝	37
つち	土	2
つづーく	続	43
つづーける	続	43
つま	妻	15
つめーたい	冷	26
つよーい	強	21
つーれる	連	31

[て]

て	手	6
テイ	低	8
テイ	弟	15
テイ	定	25
テキ	適	28
テキ	的	45
テツ	鉄	19
てら	寺	14
でーる	出	17
テン	店	13
テン	天	26
テン	転	27
テン	点	28
デン	田	1
デン	電	12
デン	伝	37

[と]

ト	渡	17
ト	図	19
ト	都	20
ド	土	2
ド	度	13

とーい	問	21
トウ	東	18
トウ	島	20
トウ	答	21
トウ	冬	26
トウ	当	28
トウ	投	30
トウ	到	32
トウ	頭	36
とーう	問	21
ドウ	道	14
ドウ	動	17
ドウ	働	17
ドウ	同	28
とお	十	3
とおーい	遠	14
とおーす	通	17
とおーる	通	17
とき	時	11
トク	特	31
トク	得	42
ドク	読	9
ところ	所	19
とし	年	3
とーじる	閉	13
とーばす	飛	39
とーぶ	飛	39
とーまる	止	17
とーまる	留	21
とーまる	泊	31
とーめる	止	17
とーめる	留	21
とーめる	泊	31
とも	友	15
とも	共	44
とり	鳥	7
とーる	取	33

[な]

な	名	16
ナイ	内	18
なーい	無	45
なおーす	治	22
なおーす	直	44
なおーる	治	22
なおーる	直	44
なか	中	4
ながーい	長	8
ながーす	流	30
なかーば	半	4
ながーれる	流	30
なーく	泣	36
なーげる	投	30
なさーけ	情	36
なつ	夏	26
なな	七	3
なな一つ	七	3
なに	何	4
なみ	並	37
ならーう	習	21
ならーぶ	並	37
ならーべる	並	37
なーる	成	39
ナン	男	5
ナン	南	18
ナン	難	28
なん	何	4

[に]

ニ	二	3
に	荷	14
にがーい	苦	38
ニク	肉	7
にし	西	18
ニチ	日	1
ニュウ	入	17

ニン	人	1

[ぬ]

ぬ-ぐ	脱	37
ぬ-げる	脱	37
ぬし	主	15

[ね]

ねが-う	願	33
ネツ	熱	26
ねむ-い	眠	38
ねむ-る	眠	38
ね-かす	寝	24
ね-る	寝	24
ネン	年	3
ネン	念	29

[の]

の	野	40
ノウ	農	27
のこ-す	残	29
のこ-る	残	29
の-せる	乗	17
のぼ-る	上	4
の-む	飲	9
の-る	乗	17

[は]

は	歯	41
ば	馬	7
ば	場	19
ハイ	配	41
バイ	売	12
はい-る	入	17
ハク	白	23
ハク	泊	31

はこ-ぶ	運	27
はし	橋	40
はじ-まる	始	24
はじ-め	初	44
はじ-めて	初	44
はじ-める	始	24
はし-る	走	17
はた	畑	5
はたけ	畑	5
はたら-く	働	17
ハチ	八	3
ハツ	発	32
はつ	初	44
はな	花	7
はなし	話	9
はな-す	話	9
はな-す	離	25
はな-す	放	39
はな-れる	離	25
はは	母	15
はや-い	速	14
はや-い	早	16
はやし	林	5
はら	原	40
はら-う	払	30
はる	春	26
は-れる	晴	14
ハン	半	4
ハン	飯	11
ハン	反	44
バン	晩	10
バン	番	19

[ひ]

ヒ	悲	36
ヒ	飛	39
ヒ	費	39
ヒ	比	44
ヒ	非	45

ひ	日	1
ひ	火	2
ビ	備	31
ビ	美	43
ひ-える	冷	26
ひがし	東	18
ひ-く	引	33
ひく-い	低	8
ひだり	左	18
ヒツ	必	42
ひと	人	1
ひと	一	3
ひと-つ	一	3
ヒャク	百	3
ひ-やす	冷	26
ヒョウ	表	44
ビョウ	病	13
ビョウ	平	40
ひら-く	開	13
ひる	昼	10
ひろ-い	広	13
ヒン	品	35
ビン	便	16

[ふ]

フ	父	15
フ	夫	15
フ	不	16
フ	府	20
ブ	部	18
ブ	無	45
フウ	風	40
ふ-える	増	43
ふか-い	深	30
ふか-まる	深	30
ふか-める	深	30
フク	服	34
ふた	二	3
ふた-つ	二	3

ブツ	物	7
ふと‐い	太	38
ふと‐る	太	38
ふ‐やす	増	43
ふゆ	冬	26
ふ‐る	降	17
ふる‐い	古	8
フン	分	4
ブン	分	4
ブン	文	7
ブン	聞	9

[へ]

ヘイ	閉	13
ヘイ	並	37
ヘイ	平	40
ベイ	米	6
ベツ	別	37
へ‐らす	減	43
へ‐る	減	43
ヘン	返	24
ヘン	変	43
ベン	便	16
ベン	勉	21

[ほ]

ホ	歩	17
ボ	母	15
ホウ	方	10
ホウ	報	35
ホウ	放	39
ホウ	訪	41
ホウ	法	45
ボウ	忙	16
ボウ	忘	36
ホク	北	18
ボク	木	1
ほそ‐い	細	38

ホン	本	4

[ま]

ま	間	5
ま	真	23
マイ	米	6
マイ	毎	10
マイ	妹	15
まえ	前	10
ま‐がる	曲	37
ま‐げる	曲	37
ま‐じる	交	32
まじ‐わる	交	32
ま‐す	増	43
まち	町	20
ま‐つ	待	11
まった‐く	全	45
まど	窓	34
まな‐ぶ	学	2
まわ‐す	回	13
まわ‐る	回	13
マン	万	3

[み]

ミ	味	28
み	実	42
み‐える	見	9
みぎ	右	18
みじか‐い	短	8
みず	水	2
みせ	店	13
み‐せる	見	9
みち	道	14
みっ‐つ	三	3
みなと	港	39
みなみ	南	18
みの‐る	実	42
みみ	耳	6

み‐る	見	9
ミン	眠	38
ミン	民	41

[む]

ム	無	45
む‐く	向	40
む‐ける	向	40
む‐こう	向	40
むずかしい	難	28
むす‐ぶ	結	25
むっ‐つ	六	3
むら	村	20

[め]

め	目	6
メイ	明	5
メイ	名	16
めし	飯	11
メン	面	29

[も]

モク	木	1
モク	目	6
もち‐いる	用	34
モツ	物	7
も‐つ	持	14
もっと‐も	最	45
もと	本	4
もと	元	16
もと‐める	求	33
もの	物	7
もの	者	27
もり	森	5
モン	門	1
モン	文	7
モン	問	21

[や]

ヤ	夜	10
ヤ	野	40
や	家	12
や	屋	13
ヤク	薬	12
ヤク	約	31
やーく	焼	37
やーける	焼	37
やすーい	安	8
やすーむ	休	5
やっーつ	八	3
やま	山	1

[ゆ]

ユ	油	11
ユ	由	33
ユウ	友	15
ユウ	有	16
ユウ	右	18
ユウ	遊	24
ユウ	由	33
ゆう	夕	10
ゆき	雪	12
ゆび	指	30

[よ]

ヨ	予	25
よ	四	3
よ	夜	10
よーい	良	28
ヨウ	曜	10
ヨウ	様	20
ヨウ	洋	25
ヨウ	用	34
ヨウ	要	42
よこ	横	40

よっーつ	四	3
よーぶ	呼	37
よーむ	読	9
よる	夜	10
よろこーぶ	喜	37
よわーい	弱	38
よわーる	弱	38
よん	四	3

[ら]

ライ	来	9
ラク	楽	23
ラク	落	29
ラク	絡	31

[り]

リ	利	16
リ	理	22
リ	離	25
リキ	力	4
リツ	立	24
リュウ	留	21
リュウ	流	30
リョ	旅	31
リョウ	料	23
リョウ	涼	26
リョウ	良	28
リョウ	両	40
リョク	力	4
リン	林	5

[る]

| ルイ | 類 | 42 |

[れ]

| レイ | 冷 | 26 |

レイ	礼	42
レキ	歴	22
レン	練	21
レン	連	31

[ろ]

ロ	路	32
ロウ	老	41
ロク	六	3
ロン	論	42

[わ]

ワ	話	9
ワ	和	25
わかーい	若	16
わーかる	分	4
わかーれる	分	4
わかーれる	別	37
わーける	分	4
わすーれる	忘	36
わたくし	私	2
わたし	私	2
わたーす	渡	17
わたーる	渡	17
わらーう	笑	36
わり	割	33
わーる	割	33
わるーい	悪	28
わーれる	割	33
symbol of repetition	々	35

部首索引（Radical Index）＊数字は課の数字
ぶしゅさくいん

I. へん

1. イ（人）： 何 4　休 5　体 5　低 8　作 11　便 16　働 17　住 19　化 22　使 24
借 24　仕 27　備 31　信 32　価 35　個 35　代 37　伝 37　位 40

2. 口（口）： 味 28　呼 37

3. 土（土）： 地 19　場 19　増 43

4. 女（女）： 好 5　姉 15　妹 15　始 24　婚 25

5. 弓（弓）： 強 21　引 33

6. 彳（彳）： 行 9　後 10　待 11　彼 15　術 41　得 42

7. 忄（心）： 忙 16　情 36　性 45

8. 扌（手）： 持 14　接 29　指 30　折 30　払 30　投 30　打 30　押 33

9. 氵（水）： 泳 11　油 11　海 11　酒 11　渡 17　治 22　済 22　洋 25　活 25　温 26
涼 26　深 30　洗 30　流 30　消 30　決 30　泊 31　注 32　泣 36　港 39
減 43　法 45

10. 阝（阝）： 降 17　院 18　階 39

11. 火 ： 畑 焼
 （火） 5 37

12. 日 ： 明 暗 晩 曜 時 晴 映 暖
 （日） 5 8 10 10 11 14 23 26

13. 木 ： 林 森 校 村 様 格 相 機 横 橋
 （木） 5 5 11 20 20 29 31 32 40 40

14. 方 ： 旅 放 族
 （方） 31 39 41

15. 牛 ： 物 特
 （牛） 7 31

16. 王 ： 理 現
 （王） 22 44

17. 月 ： 服 脱
 （肉） 34 37

18. 矢 ： 短 知
 （矢） 8 33

19. 禾 ： 私 利 科 和 秋 移
 （禾） 2 16 22 25 26 43

20. 糸 ： 練 経 組 終 結 約 絡 線 紙 細 続
 （糸） 21 22 23 24 25 31 31 32 34 38 43

21. 言 ： 読 話 計 語 記 議 説 試 談 誌 設
 （言） 9 9 11 11 27 27 29 29 31 34 39

　　　　訪 調 論 課
　　　　41 42 42 45

22. 車 ： 転 軽 較
 （車） 27 38 44

23. 金 ： 鉄 銀
 （金） 19 35

24. 食 ： 飲 飯 館
 （食） 9 11 19

25. 馬 ： 駅 験
 （馬） 18 29

Ⅱ．つくり

1. 力 ： 動　働　勉　効
   （カ）　17　17　21　41

2. 刀 ： 切　初
   （刀）　16　44

3. 刂 ： 利　到　割　別　制
   16　32　33　37　45

4. 匕 ： 北　化　比
   18　22　44

5. 口 ： 和　知　加
   （口）　25　33　43

6. 阝 ： 部　都
   18　20

7. 攵 ： 教　政　数　故　放
   9　22　22　32　39

8. 斤 ： 新　近　所　折
   8　14　19　30

9. 月 ： 明　朝　期
   （月）　5　10　35

10. 欠 ： 飲　歌　次
    （欠）　9　14　28

11. 寺 ： 待　時　持　特
    （寺）　11　11　14　31

12. 隹 ： 離　難　雑　進
    25　28　34　43

13. 頁 ： 題　願　頭　顔　類
    21　33　36　41　42

その他 （左右）	竹 6	帰 9	静 14	親 16	外 18	社 18	町 20	研 21	料 23	冷 26
	形 28	残 29	路 32	取 33	辞 34	報 35	狭 38	弱 38	眠 38	野 40
	配 41	礼 42	対 44	非 45	的 45					

Ⅲ. かんむり

1. 宀 ： 金
2　食
9　会
12　今
12　合
29　全
45

2. 亠 ： 文
7　高
8　夜
10　方
10　市
20　京
20　立
24　交
32　卒
42　変
43

3. ナ ： 友
15　有
16　右
18　左
18

4. 宀 ： 字
7　安
8　宅
12　客
12　室
12　家
12　宿
21　寝
24　定
25　寒
26
案
31　完
39　実
42

5. 艹 ： 花
7　茶
7　英
12　薬
12　荷
14　若
16　落
29　苦
38

6. 口 ： 足
6　兄
15　号
19

7. 日 ： 早
16　暑
26　最
45

8. 土 ： 寺
14　走
17　赤
23

9. 耂 ： 者
27　考
36　老
41

10. 田 ： 男 思
    5　23

11. ⺍ ： 学 営 覚
    2　33　36

12. 宀 ： 究 窓 空
    21　34　39

13. 竹 ： 答 笑 簡 第
    21　36　38　45

14. 雨 ： 雪 雲 電
    12　12　12

Ⅳ. あし　

1. 儿 ： 先 見 売 兄 元
   2　9　12　15　16

2. 力 ： 男
   5

3. 口 ： 石 古 名 右 台 品 告 喜
   6　8　16　18　34　35　35　37

4. 女 ： 安 妻 要
   8　15　42

5. 日 ： 書 音 春 暑 者
   9　23　26　26　27

6. 心 ： 思 悪 念 急 意 窓 感 悲 忘
   23　28　29　31　32　34　36　36　36

7. 木 ： 薬 楽 案 集
   12　23　31　37

8. 灬 ： 黒 熱 点 無
   23　26　28　45

9. 月 ： 青 有 育
   14　16　22

10. 田 ： 番 留
         19 21

11. 貝 ： 買 質 貸 員 資 費 賛
         9 21 24 27 35 39 44

その他 （上下）	分 4	岩 5	長 8	毎 10	前 10	奥 15	着 17	歩 17	公 19	県 20
	島 20	習 21	画 23	写 23	真 23	色 23	予 25	式 25	夏 26	冬 26
	商 27	業 27	農 27	当 28	受 29	準 31	発 32	具 34	器 34	産 35
	驚 37	単 38	置 40	歯 41	美 43	直 44	表 44			

Ⅴ．たれ

1. 厂 ： 歴 原
         22 40

2. 广 ： 広 店 度 府 座 席
         13 13 13 20 24 25

3. 尸 ： 屋 局
         13 32

4. 疒 ： 病 疲 痛
         13 13 13

Ⅵ. かまえ

1. 冂 ： 円 肉 内 同
   　　3　7　18　28

2. 匚 ： 区 医
   　　20　22

3. 囗 ： 田 四 国 回 困 図 園
   　　1　3　13　13　13　19　19

4. 門 ： 門 間 聞 開 閉 問 関
   　　1　5　9　13　13　21　32

   その他 ： 向 風
   　　40　40

Ⅶ. にょう

1. 辶 ： 週 近 遠 速 遅 道 通 遊 返 送
   　　10　14　14　14　14　14　17　24　24　24

   　　運 選 違 適 連 退 過 進
   　　27　27　28　28　31　41　43　43

   その他 ： 勉 題 起 建
   　　21　21　24　39

VIII. 全体で一つの漢字
（分けられない漢字）

1画： 一₃

2画： 人₁　二₃　七₃　八₃　九₃　十₃　カ₄　入₁₇

3画： 山₁　川₁　口₁　土₂　子₂　女₂　三₃　千₃　万₃　上₄
下₄　大₄　小₄　夕₁₀　エ₁₉　々₃₅

4画： 日₁　月₁　木₁　火₂　水₂　五₃　六₃　円₃　中₄　手₆
文₇　牛₇　少₈　方₁₀　午₁₀　父₁₅　夫₁₅　不₁₆　止₁₇　欠₂₅
天₂₆　心₃₆　太₃₈　反₄₄

5画： 田₁　生₂　四₃　本₄　半₄　目₆　石₆　母₁₅　主₁₅　出₁₇
史₂₂　白₂₃　立₂₄　正₂₈　由₃₃　用₃₄　平₄₀　民₄₁　必₄₂　失₄₂
以₄₃

6画： 百₃　年₃　耳₆　米₆　糸₆　多₈　気₁₆　名₁₆　西₁₈　式₂₅
自₃₃　曲₃₇　成₃₉　両₄₀　共₄₄

7画： 車₁　貝₆　来₉　言₁₁　弟₁₅　良₂₈　求₃₃

8画： 金₂　雨₆　東₁₈　画₂₃　事₂₇　果₂₉　並₃₇

9画： 昼₁₀　乗₁₇　南₁₈　面₂₉　品₃₅　重₃₈　飛₃₉

10画： 馬₇　鳥₇　魚₇　商₂₇　器₃₄

258

基本漢字 500 のリスト
<small>き ほん かん じ</small>

絵からできた漢字：	日	月	火	水	木	金	土	山	川	田
	人	女	子	目	口	耳	手	足	車	門
	雨	竹	米	石	糸	魚	鳥	牛	馬	貝

(30)

| 記号からできた漢字： | 一 | 二 | 三 | 四 | 五 | 六 | 七 | 八 | 九 | 十 |
| | 上 | 下 | 中 | 大 | 小 | 本 | 半 | 分 | 力 | 円 |

(20)

| 組合せでできた漢字： | 明 | 休 | 体 | 好 | 男 | 林 | 森 | 間 | 聞 | 畑 |
| | 岩 |

(11)

-い形容詞になる漢字：	(大)	(小)	(明)	新	古	長	短	高	安	低
	暗	多	少	広	狭	近	遠	速	遅	早
	白	黒	赤	青	暑	熱	寒	冷	暖	温
	涼	良	悪	正	難	強	弱	若	忙	深
	細	太	重	軽	眠	苦	痛	楽	悲	美

(47)

-な形容詞になる漢字：	元	気	有	名	親	切	便	利	不	静
	適	当	残	念	自	由	簡	単	必	要
	得	意	無	理	(好)

(24)

動詞になる漢字：

行　来　帰　食　飲　見　聞　読　書　話
買　教　作　泳　待　言　会　売　疲　困
開　閉　晴　持　歌　出　入　乗　降　着
渡　通　走　歩　止　動　働　住　習　答
起　寝　遊　立　座　使　始　終　貸　借
返　送　選　違　受　落　折　払　投　打
洗　流　消　決　泊　急　信　押　引　割
取　求　願　知　感　泣　笑　覚　忘　考
思　伝　代　呼　焼　曲　脱　別　集　並
喜　驚　飛　建　置　向　訪　調　増　加
減　変　移　続　過　進　比
（上）（下）（分）（休）（聞）（切）

(107)

名詞になる漢字：

私　彼　友　客　父　母　兄　弟　姉　妹
夫　妻　前　後　左　右　東　西　南　北
花　茶　肉　文　字　物　油　海　酒　飯
朝　昼　夜　晩　夕　方　時　年　今　何
宅　家　薬　雪　雲　店　国　道　寺　奥
外　駅　所　市　町　村　区　都　府　県
島　数　音　色　形　味　春　夏　秋　冬
点　線　者　次　窓　服　紙　銀　品　空
港　横　橋　頭　顔　歯　指　原　野　風

(90)

熟語になる漢字：

百	千	万	学	生	先	午	毎	週	曜
校	計	語	室	英	電	度	病	屋	荷
主	部	社	院	地	鉄	工	場	図	館
公	園	番	号	京	様	題	宿	政	治
経	済	歴	史	育	化	科	医	映	画
写	真	料	組	洋	式	和	天	仕	事
記	議	員	商	業	農	同	試	験	面
接	結	果	特	交	機	関	局	路	故
台	具	器	辞	雑	誌	資	個	価	産
期	々	情	階	設	費	位	平	両	老
族	術	効	民	論	実	類	以	共	直
初	全	最	非	第	的	性	法	制	課

（120）

-する動詞の漢字：

練(習)	勉(強)	研 究	留(学)	質 問
(結)婚	離(婚)	欠 席	予 定	(生)活
運 転	説(明)	合 格	旅(行)	(予)約
案 内	準 備	相 談	連 絡	(出)発
到(着)	注(意)	営(業)	用(意)	報 告
完 成	放(送)	心 配	退(院)	卒(業)
失 礼	(比)較	反 対	賛(成)	表 現

（51）

計 500 字

漢字番号順音訓索引　Basic Kanji Book vol.2 で学習した漢字の読み一覧
かんじ ばんごうじゅんおんくんさくいん　　　　　　　　　　　　　　　　　　　　　　　　　いちらん

漢字
番号　　漢字　　課　　　読み（「：」は「自動詞：他動詞」の対を表す。細字は BKB には載せていない
　　　　　　　　　　　　　　が常用漢字表にある読みで、［　］はその語例。）

漢字番号	漢字	課	読み					
252	映	BKB-23	うつ-る：うつ-す　　エイ					は-える
253	画	BKB-23	ガ　　カク					
254	写	BKB-23	うつ-る：うつ-す　　シャ					
255	真	BKB-23	ま　　シン					
256	音	BKB-23	おと　　オン				ね[本音]	イン[母音]
257	楽	BKB-23	たの-しい　　たの-しむ　　ガク　　ラク					
258	料	BKB-23	リョウ					
259	組	BKB-23	く-む　　くみ／-ぐみ　　ソ					
260	思	BKB-23	おも-う　　シ					
261	色	BKB-23	いろ　　ショク					シキ[色彩]
262	白	BKB-23	しろ　　しろ-い　　ハク			しら[白壁]	ビャク[白夜]	
263	黒	BKB-23	くろ　　くろ-い　　コク					
264	赤	BKB-23	あか　　あか-い　　セキ		あか-らむ：あか-らめる	シャク[赤銅]		
265	起	BKB-24	お-きる：お-こす　　お-こる　　キ					
266	寝	BKB-24	ね-る　　ね-かす　　シン					
267	遊	BKB-24	あそ-ぶ　　ユウ					ユ[遊山]
268	立	BKB-24	た-つ／たち-　　た-てる　　リツ					リュウ[建立]
269	座	BKB-24	すわ-る　　ザ					
270	使	BKB-24	つか-う　　シ					
271	始	BKB-24	はじ-まる：はじ-める　　シ					
272	終	BKB-24	お-わる：お-える　　シュウ					
273	貸	BKB-24	か-す　　タイ					
274	借	BKB-24	か-りる　　シャク／シャッ-					
275	返	BKB-24	かえ-る：かえ-す　　ヘン					
276	送	BKB-24	おく-る　　ソウ					
277	結	BKB-25	むす-ぶ　　ケツ／ケッ-				ゆ-う	ゆ-わえる
278	婚	BKB-25	コン					
279	離	BKB 25	はな-れる：はな-す　　リ					
280	席	BKB-25	セキ					
281	欠	BKB-25	か-ける：か-く　　ケツ／ケッ-					
282	予	BKB-25	ヨ					
283	定	BKB-25	さだ-まる：さだ-める　　テイ			さだ-か	ジョウ[定規]	
284	洋	BKB-25	ヨウ					
285	式	BKB-25	シキ					
286	和	BKB-25	ワ		なご-む　　なご-やか　　やわ-らぐ：やわ-らげる	オ[和尚]		
287	活	BKB-25	カツ／カッ-					

288	春	BKB-26	はる	シュン					
289	夏	BKB-26	なつ	カ					ゲ[夏至]
290	秋	BKB-26	あき	シュウ					
291	冬	BKB-26	ふゆ	トウ					
292	暑	BKB-26	あつ-い	ショ					
293	熱	BKB-26	あつ-い	ネツ／ネッ-					
294	寒	BKB-26	さむ-い	カン					
295	冷	BKB-26	ひ-える：ひ-やす	つめ-たい	レイ		ひ-やかす　ひ-や さ-める：さ-ます		
296	暖	BKB-26	あたた-かい	ダン		あたた-まる：あたた-める	あたた-か		
297	温	BKB-26	あたた-まる：あたた-める	あたた-かい	オン		あたた-か		
298	涼	BKB-26	すず-しい	リョウ			すず-む		
299	天	BKB-26	あめ	あま-	テン				
300	仕	BKB-27	シ			つか-える	ジ[給仕]		
301	事	BKB-27	こと	ジ			ズ[好事家]		
302	者	BKB-27	もの	シャ					
303	運	BKB-27	はこ-ぶ	ウン					
304	転	BKB-27	ころ-ぶ	テン		ころ-がる：ころ-がす　ころ-げる			
305	選	BKB-27	えら-ぶ	セン					
306	記	BKB-27	キ			しる-す			
307	議	BKB-27	ギ						
308	員	BKB-27	イン						
309	商	BKB-27	ショウ			あきな-う			
310	業	BKB-27	ギョウ		わざ	ゴウ[業腹]			
311	農	BKB-27	ノウ						
312	良	BKB-28	よ-い	リョウ					
313	悪	BKB-28	わる-い	アク			オ[悪寒]		
314	点	BKB-28	テン						
315	正	BKB-28	ただ-しい	セイ	ショウ	ただ-す　まさ			
316	違	BKB-28	ちが-う	イ		ちが-える			
317	同	BKB-28	おな-じ	ドウ					
318	適	BKB-28	テキ						
319	当	BKB-28	あ-たる：あ-てる	トウ					
320	難	BKB-28	むずか-しい	ナン		かた-い			
321	次	BKB-28	つ-ぐ	つぎ	ジ	シ[次第]			
322	形	BKB-28	かたち	ケイ	ギョウ	かた			
323	味	BKB-28	あじ	あじ-わう	ミ				
324	試	BKB-29	こころ-みる	ため-す	シ				
325	験	BKB-29	ケン			ゲン[霊験]			
326	面	BKB-29	おも	メン		おもて　つら			
327	接	BKB-29	つ-ぐ	セツ／セッ-					

328	説	BKB-29	セツ／セッ-				と-く	ゼイ[遊説]	
329	果	BKB-29	カ				は-て	は-てる：は-たす	
330	合	BKB-29	あ-う：あ-わす	ゴウ	ガッ		あ-わせる	カッ[合戦]	
331	格	BKB-29	カク					コウ[格子]	
332	受	BKB-29	う-かる：う-ける	ジュ					
333	落	BKB-29	お-ちる：お-とす	ラク／ラッ-					
334	残	BKB-29	のこ-る：のこ-す	ザン					
335	念	BKB-29	ネン						
336	指	BKB-30	ゆび	さ-す	シ				
337	折	BKB-30	お-る	セツ			お-れる	おり	
338	払	BKB-30	はら-う					フツ[払拭]	
339	投	BKB-30	な-げる	トウ					
340	打	BKB-30	う-つ	ダ					
341	深	BKB-30	ふか-まる：ふか-める	ふか-い	シン				
342	洗	BKB-30	あら-う	セン					
343	流	BKB-30	なが-れる：なが-す	リュウ				ル[流布]	
344	消	BKB-30	き-える：け-す	ショウ					
345	決	BKB-30	き-まる：き-める	ケツ／ケッ-					
346	旅	BKB-31	たび	リョ					
347	約	BKB-31	ヤク						
348	案	BKB-31	アン						
349	準	BKB-31	ジュン						
350	備	BKB-31	ビ					そな-わる：そな-える	
351	相	BKB-31	あい	ソウ	ショウ				
352	談	BKB-31	ダン						
353	連	BKB-31	つ-れる	レン				つら-なる：つら-ねる	
354	絡	BKB-31	ラク			から-まる	から-める	から-む	
355	泊	BKB-31	と-まる：と-める	ハク／-パク					
356	特	BKB-31	トク／トッ-						
357	急	BKB-31	いそ-ぐ	キュウ					
358	線	BKB-32	セン						
359	発	BKB-32	ハツ／ハッ-／-パツ					ホツ[発起]	
360	到	BKB-32	トウ						
361	交	BKB-32	ま-じる	まじ-わる	コウ		まじ-える	ま-ざる：ま-ぜる か-う：か-わす	
362	機	BKB-32	キ					はた	
363	関	BKB-32	カン				せき	かか-わる	
364	局	BKB-32	キョク						
365	信	BKB-32	シン						
366	路	BKB-32	ロ					じ	
367	故	BKB-32	コ					ゆえ	

368	注	BKB-32	チュウ					そそ-ぐ
369	意	BKB-32	イ					
370	押	BKB-33	お-す			お-さえる	オウ[押印]	
371	引	BKB-33	ひ-く	イン			ひ-ける	
372	割	BKB-33	わ-れる：わ-る	わり	カツ		さ-く	
373	営	BKB-33	エイ				いとな-む	
374	自	BKB-33	ジ			みずから	シ[自然]	
375	由	BKB-33	ユ	ユウ		よし	ユイ[由緒]	
376	取	BKB-33	と-る	シュ				
377	求	BKB-33	もと-める	キュウ				
378	願	BKB-33	ねが-う	ガン				
379	知	BKB-33	し-る	チ				
380	台	BKB-34	ダイ	タイ				
381	窓	BKB-34	まど	ソウ				
382	具	BKB-34	グ					
383	器	BKB-34	うつわ	キ				
384	用	BKB-34	もち-いる	ヨウ				
385	服	BKB-34	フク					
386	紙	BKB-34	かみ	シ				
387	辞	BKB-34	ジ				や-める	
388	雑	BKB-34	ザツ／ザッ-	ゾウ				
389	誌	BKB-34	シ					
390	銀	BKB-35	ギン					
391	資	BKB-35	シ					
392	品	BKB-35	しな	ヒン				
393	個	BKB-35	コ					
394	価	BKB-35	カ				あたい	
395	産	BKB-35	う-まれる：う-む	サン			うぶ[産湯]	
396	期	BKB-35	キ				ゴ[最期]	
397	々	BKB-35	symbol of repetition					
398	報	BKB-35	ホウ				むく-いる	
399	告	BKB-35	コク				つ-げる	
400	心	BKB-36	こころ	シン				
401	感	BKB-36	カン					
402	情	BKB-36	なさ-け	ジョウ			セイ[風情]	
403	悲	BKB-36	かな-しい	かな-しむ	ヒ			
404	泣	BKB-36	な-く				キュウ[号泣]	
405	笑	BKB-36	わら-う	ショウ			え-む	
406	頭	BKB-36	あたま	トウ	ズ	かしら	ト[音頭]	
407	覚	BKB-36	さ-める：さ-ます	おぼ-える	カク			
408	忘	BKB-36	わす-れる	ボウ				

409	考	BKB-36	かんが-える	コウ				
410	伝	BKB-37	つた-わる：つた-える	デン				つた-う
411	代	BKB-37	か-わる：か-える	ダイ	タイ		よ[君が代]	しろ[飲み代]
412	呼	BKB-37	よ-ぶ	コ				
413	焼	BKB-37	や-ける：や-く	ショウ				
414	曲	BKB-37	ま-がる：ま-げる	キョク				
415	脱	BKB-37	ぬ-げる：ぬ-ぐ	ダツ／ダッ-				
416	別	BKB-37	わか-れる	ベツ				
417	集	BKB-37	あつ-まる：あつ-める	シュウ				つど-う
418	並	BKB-37	なら-ぶ：なら-べる	なみ	ヘイ			なら-びに
419	喜	BKB-37	よろこ-ぶ	キ				
420	驚	BKB-37	おどろ-く	キョウ				おどろ-かす
421	細	BKB-38	ほそ-い	こま-かい	サイ		ほそ-る	こま-か
422	太	BKB-38	ふと-い	ふと-る	タイ			タ[丸太]
423	重	BKB-38	おも-い	ジュウ	かさ-なる：かさ-ねる		え[二重]	チョウ[貴重]
424	軽	BKB-38	かる-い	ケイ				かろ-やか
425	狭	BKB-38	せま-い	キョウ				せば-まる：せば-める
426	弱	BKB-38	よわ-い	よわ-る	ジャク			よわ-まる：よわ-める
427	眠	BKB-38	ねむ-い	ねむ-る	ミン			
428	苦	BKB-38	くる-しい	くる-しむ	にが-い	ク	くる-しめる	にが-る
429	簡	BKB-38	カン					
430	単	BKB-38	タン					
431	空	BKB-39	あ-く：あ-ける	そら	クウ			から
432	港	BKB-39	みなと	コウ				
433	飛	BKB-39	と-ぶ：と-ばす	ヒ				
434	階	BKB-39	カイ					
435	建	BKB-39	た-つ：た-てる	ケン				コン[建立]
436	設	BKB-39	セツ／セッ-					もう-ける
437	完	BKB-39	カン					
438	成	BKB-39	な-る／なり	セイ			な-す	ジョウ[成就]
439	費	BKB-39	ヒ				つい-える：つい-やす	
440	放	BKB-39	はな-す	ホウ		はな-つ	はな-れる	ほう-る
441	位	BKB-40	くらい	イ				
442	置	BKB-40	お-く	チ				
443	横	BKB-40	よこ	オウ				
444	向	BKB-40	む-く：む-ける	む-こう	コウ			む-かう
445	原	BKB-40	はら	ゲン				
446	平	BKB-40	たい-ら	ヘイ	ビョウ			ひら
447	野	BKB-40	の	ヤ				
448	風	BKB-40	かぜ	フウ			かざ[風車]	フ[風情]
449	両	BKB-40	リョウ					

450	橋	BKB-40	はし		キョウ				
451	老	BKB-41	おーいる		ロウ				ふーける
452	族	BKB-41	ゾク						
453	配	BKB-41	くばーる		ハイ／-パイ				
454	術	BKB-41	ジュツ						
455	退	BKB-41	しりぞーく		タイ				しりぞーける
456	効	BKB-41	きーく		コウ				
457	民	BKB-41	ミン						
458	訪	BKB-41	たずーねる	おとずーれる		ホウ			
459	顔	BKB-41	かお		ガン				
460	歯	BKB-41	は		シ				
461	卒	BKB-42	ソツ						
462	論	BKB-42	ロン						
463	実	BKB-42	み	みのーる		ジツ			
464	調	BKB-42	しらーべる		チョウ				ととのーう：ととのーえる
465	必	BKB-42	かならーず		ヒツ				
466	要	BKB-42	いーる		ヨウ				かなめ
467	類	BKB-42	ルイ						たぐい
468	得	BKB-42	えーる		トク				うーる
469	失	BKB-42	うしなーう		シツ／シッー				
470	礼	BKB-42	レイ						ライ［礼賛］
471	増	BKB-43	ふーえる：ふーやす		まーす	ゾウ			
472	加	BKB-43	くわーわる：くわーえる			カ			
473	減	BKB-43	へーる：へーらす		ゲン				
474	変	BKB-43	かーわる：かーえる		ヘン				
475	移	BKB-43	うつーる：うつーす		イ				
476	続	BKB-43	つづーく：つづーける		ゾク				
477	過	BKB-43	すーぎる：すーごす		カ			あやまーつ	あやまーち
478	進	BKB-43	すすーむ：すすーめる		シン				
479	以	BKB-43	イ						
480	美	BKB-43	うつくーしい		ビ				
481	比	BKB-44	くらーべる		ヒ				
482	較	BKB-44	カク						
483	反	BKB-44	ハン				そーる：そーらす	ホン［謀反］	タン［反物］
484	対	BKB-44	タイ	ツイ					
485	賛	BKB-44	サン						
486	共	BKB-44	とも		キョウ				
487	直	BKB-44	なおーる：なおーす		チョク			ただーちに	ジキ［正直］
488	表	BKB-44	あらわーす		ヒョウ			あらわーれる	おもて
489	現	BKB-44	あらわーれる：あらわーす		ゲン				
490	初	BKB-44	はじーめ	はじーめて	はつ	ショ		そーめる	うい

491	全	BKB-45	まった-く		ゼン			すべて
492	最	BKB-45	もっと-も		サイ			
493	無	BKB-45	な-い	ム	ブ			
494	非	BKB-45	ヒ					
495	第	BKB-45	ダイ					
496	的	BKB-45	テキ					まと
497	性	BKB-45	セイ	ショウ				
498	法	BKB-45	ホウ／-ポウ			ハッ[法度]	ホッ[法主]	
499	制	BKB-45	セイ					
500	課	BKB-45	カ					

執 筆 者 略 歴

加納千恵子
筑波大学大学院地域研究研究科修士課程
修了。
マレーシアのマラ工科大学語学センター
日本語講師、筑波大学留学生教育センター非常勤講師等を経て、筑波大学人文社会系教授を務める。筑波大学名誉教授。

谷部弘子
筑波大学大学院地域研究研究科修士課程
修了。
在中国日本語研修センター日本語講師、筑波大学留学生教育センター非常勤講師、国際交流基金日本語国際センター日本語教育専門職員を経て、東京学芸大学留学生センター教授を務める。東京学芸大学名誉教授。

清水百合
コロンビア大学ティーチャーズカレッジ
応用言語学科修士課程修了。
筑波大学留学生教育センター非常勤講師等を経て、九州大学留学生センター教授を務める。元九州大学教授。

石井恵理子
学習院大学大学院人文科学研究科博士前
期課程修了。
インターカルト日本語学校講師、筑波大学留学生教育センター非常勤講師、国立国語研究所日本語教育部門第一領域長等を経て、東京女子大学現代教養学部教授を勤める。元東京女子大学教授。

［新版］ BASIC KANJI BOOK
—基本漢字500—　VOL.2（第2版）

2015 年 10 月 5 日　　初　版第 1 刷発行
2022 年 5 月 1 日　　第 2 版第 1 刷発行
2024 年 1 月 31 日　　第 2 版第 2 刷発行

著　　　者	加納千恵子，清水百合，谷部弘子，石井恵理子
発　　　行	株式会社 凡 人 社 〒 102-0093 東京都千代田区平河町 1-3-13 TEL：03-3263-3959
イ ラ ス ト	酒井弘美
カバーデザイン	前田純子
本文デザイン	清水百合，Atelier O.ha

ISBN 978-4-89358-974-3
©Chieko KANO, Yuri SHIMIZU, Hiroko YABE, Eriko ISHII　2015, 2022　Printed in Japan